ନିରବ ନଦୀର ସୁଅ

ନିରବ ନଦୀର ସୁଅ

ଡ. ଗୋବିନ୍ଦ ଚନ୍ଦ୍ର ଦାଶ

ବ୍ଲାକ୍ ଇଗଲ୍ ବୁକ୍ସ
ଭୁବନେଶ୍ୱର, ଓଡ଼ିଶା

BLACK EAGLE BOOKS
Dublin, USA

ନିରବ ନଦୀର ସୁଅ / ଡ. ଗୋବିନ୍ଦ ଚନ୍ଦ୍ର ଦାଶ

ବ୍ଲାକ୍ ଈଗଲ୍ ବୁକ୍ସ : ଭୁବନେଶ୍ୱର, ଓଡ଼ିଶା • ଡବ୍‌ଲିନ୍, ଯୁକ୍ତରାଷ୍ଟ୍ର ଆମେରିକା

BLACK EAGLE BOOKS

USA address:
7464 Wisdom Lane
Dublin, OH 43016

India address:
E/312, Trident Galaxy, Kalinga Nagar,
Bhubaneswar-751003, Odisha, India

E-mail: info@blackeaglebooks.org
Website: www.blackeaglebooks.org

First International Edition Published by
BLACK EAGLE BOOKS, 2025

NIRABA NADEE RA SUA
by Dr. Govind Chandra Dash

Cover & Interior Design: Ezy's Publication

ISBN- 978-1-64560-807-3 (Paperback)

Printed in the United States of America

ଉତ୍ସର୍ଗ

ସମସ୍ତ ସାହିତ୍ୟାନୁରାଗୀ ବନ୍ଧୁମାନଙ୍କ ଉଦ୍ଦେଶ୍ୟରେ ସମର୍ପିତ

ନିଜ କଥା

କବିତା ହେଉଛି କବି ପ୍ରାଣର କଳ୍ପନା ପ୍ରସୂତ କାବ୍ୟିକ ଅଭିବ୍ୟକ୍ତି। କବିତାର କାୟାକଳ୍ପ ଗଢ଼ାହୁଏ ଭିଜା ମାଟିର ବାସ୍ନାରେ, ଜୀବନ ଜିଇଁବାର କଳାକୌଶଳରେ, ପ୍ରକୃତି ଓ ଜଗତ ପ୍ରତି ଅହେତୁକ ସ୍ନେହ, ଶ୍ରଦ୍ଧା, ମମତ୍ୱବୋଧରେ, ଭାବ, ଆବେଗ, ଲଳିତ ପଣ ଓ ପ୍ରେମର ଆଧାତ୍ମିକ ତଲ୍ଲୀନତା ଭିତରେ। ଭାଷା ମାଧ୍ୟମରେ ଭାବର ପରିପ୍ରକାଶ ଘଟେ, ଭାଷା ଶିଖାଏ ସାହିତ୍ୟ। ଉନ୍ନତ ମାନର କବିତା ତାକୁ ହିଁ କହନ୍ତି ଯାହା ପାଠକର ହୃଦୟକୁ ସ୍ପର୍ଶ କରେ, ତା'ର ଚିନ୍ତାଧାରାକୁ ଉନ୍ନତ କରେ, ଦୃଷ୍ଟିଭଙ୍ଗୀକୁ ବଦଳାଇ ଦିଏ, ଚେତନାର ଉଦ୍ରେକ କରାଇ ଏକ ସୁସ୍ଥ ସମାଜ ଗଠନରେ ମୁଖ୍ୟ ଭୂମିକା ନିଭାଏ।

"ନୀରବ ନଦୀର ସୁଅ"ରେ ସନ୍ନିବେଶିତ ୪୮ଟି ଯାକ କବିତା ସବୁ ଭିନ୍ନ ସ୍ୱାଦର। ଏ ସବୁ କବିତାରେ ଆଧୁନିକ ମଣିଷର ଅସହାୟତା, ଦୁଃସ୍ଥ ସାମାଜିକ ବ୍ୟବସ୍ଥାର ରୂପକଳ୍ପ, କଳ୍ପନା ଭିତରେ ବାସ୍ତବତାକୁ ବାନ୍ଧି ରଖିବାର ପ୍ରୟାସ, ନୀରବତା ଭିତରେ ଭାବାନ୍ତର ସୃଷ୍ଟି କରିବାର ଅନନ୍ୟ ଆବେଗ, ଗତିଶୀଳ ସମୟକୁ ପ୍ରତୀକାତ୍ମକ ଭାବେ ଅନୁଭବି ଜୀବନର ନିର୍ଦ୍ଦିଷ୍ଟତାକୁ ପର୍ଯ୍ୟବେକ୍ଷଣ କରିବାର ପ୍ରଚେଷ୍ଟା ଆଦି ଅତି ମାତ୍ରାରେ ପ୍ରତିଫଳିତ ହୋଇଛି। William Henry Hudsonଙ୍କ ଭାଷାରେ literature is an expression of life through medium of language. ଭାଷାରେ ନିର୍ମିତ ଶବ୍ଦର ଶିଳ୍ପ ହେଉଛି ସାହିତ୍ୟ।

ମୁଁ କିଛି ଭାବିଚିନ୍ତି ଜବରଦସ୍ତ କବିତା ଲେଖେ ନାହିଁ। ସ୍ୱତଃସ୍ଫୁର୍ତ୍ତ ଭାବରେ ମନରେ ଉଠୁଥିବା ଉଦ୍‌ବେଳନକୁ ନେଇ କବିତା ଲେଖିବାକୁ ତତ୍ପର ହୁଏ। ପରିସ୍ଥିତି,

ପରିବେଶ, ଅନୁଭୂତି, ଆବେଗ, ଅନୁଭବ ଓ ଜୀବନ ଜୀବିକାକୁ ନେଇ ଅନେକ ଘଟଣା ଓ ଦୁର୍ଘଟଣା ମାନଙ୍କୁ ଅଙ୍ଗେ ନିଭାଇଥାଏ ଓ ସେ ସବୁ ହୁଏ ମୋ କବିତାର ଅନ୍ତଃସ୍ୱର। ଯେମିତି କିଛି ଘଟଣା ଘଟିଲେ ମନ ବ୍ୟାକୁଳ ହୁଏ କାହାଣୀଟିଏ ଲେଖିବା ପାଇଁ, ରଙ୍ଗତୁଳୀ ଦେଖି ଚିତ୍ରକରଟି ଛବିଟିଏ ଆଙ୍କି ବସେ, ବାଦ୍ୟ ବାଜିଲେ, ଗୀତ ବୋଲା ହେଲେ ନର୍ତ୍ତକୀର ଯେମିତି ଗୋଡ଼ହାତ ଆପଣା ଛାଏଁ ହଲିଯାଏ ନୃତ୍ୟ କରିବା ପାଇଁ, ମାଟିଗଦାଟିଏ ଦେଖି କୁମ୍ଭାର ଯେମିତି ଅଭିଭୂତ ହୁଏ ହାଣ୍ଡି, ମାଠିଆ, ମୂର୍ତ୍ତି ଗଢ଼ିବା ପାଇଁ, ସେମିତି କବିଟିର ଉଦ୍‌ବେଗ ବଢ଼ିଯାଏ ଶବ୍ଦ ସବୁ ତାକୁ ବେଢ଼ିଗଲେ ଓ ତା' ଆଖପାଖରେ ସେମିତି କିଛି ଘଟଣା ଘଟିଗଲେ। ସ୍ରଷ୍ଟାର ସୃଜନ ଶକ୍ତି ଉପରେ ଭରସା ବଢ଼ିଯାଏ ଓ ତାକୁ ମିଳିଥାଏ ହୃଦୟଭରା ଆତ୍ମସନ୍ତୋଷ ଯେତେବେଳେ ଲେଖାଟି ପାଠକାଦୃତି ଲାଭ କରେ।

ନିଃସଂଗତା, ନୀରବତା ଓ ନିର୍ଜନତାକୁ ପାଥେୟ କରି ମୁଁ କବିତା ଲେଖେ। ମୋ ଗାଁ ପାଖ ଦେଇ ବହିଯାଉଥିବା ନଦୀର ନାଁ ହେଉଛି କୁଶଭଦ୍ରା। ପିଲାଦିନେ କୁଶଭଦ୍ରା ନଦୀ କୂଳରେ ବୁଲେ, ତା' ନଦୀପଠାରେ ବାଲିରେ ଗୋଡ଼ ପୁରେଇ ବିଲୁଆ ଘର ତିଆରି କରେ, ସ୍କୁଲ ଛୁଟୀ ପରେ ଗତ ରାତିରେ ଦେଖିଥିବା ଯାତ୍ରାକୁ ସାଙ୍ଗମାନଙ୍କ ସହିତ ମିଶି ବାଲିପଠାରେ ଅଭିନୟ କରେ। ଏହା ମୋର ନିତିଦିନିଆ ସଉକ ଓ ଅଭ୍ୟାସରେ ପରିଣତ ହୋଇଗଲା। ସୁଖ ଦୁଃଖର ସାଥୀ ହୋଇଗଲା କୁଶଭଦ୍ରା। ଯାହାକୁ ସାଥୀ କରି ଜୀବନର ପ୍ରଥମ କେତେବର୍ଷ କଟାଇଥିଲି, ସେ ସବୁ ହଠାତ୍ ଦିନେ ସ୍ମୃତିକୁ ଆସିଲା। ତା'ର ନୀଳ ଜଳରାଶି, ସଞ୍ଜ ବେଳର ପରିବେଶ, ତା' ଦୁଇ ଧାରରେ ଛିଡ଼ା ହୋଇଥିବା ବୃକ୍ଷରାଜି, ତା' ଦେହରେ ବହି ଆସୁଥିବା ହେମାଳ ପବନ ଏବେ ଦୂରରେ ଥିଲେ ବି ଅନୁଭବ କରିପାରୁଛି। ଯେତେବେଳେ ସୁଖ ଆସିଛି ତା' କୂଳରେ ସାଙ୍ଗସାଥୀ ମାନଙ୍କ ସହ ଖୁସି ବାଣ୍ଟିଛି, ଯେତେବେଳେ ଦୁଃଖ ଆସିଛି ତା କୂଳରେ ବସି କେତେ କାନ୍ଦିଛି, କେବଳ ସିଏ ହିଁ ଅଛି, ଅନ୍ୟ ସାଙ୍ଗସାଥୀ କେହି ନାହାନ୍ତି। ସେତେବେଳେ ସେ ବୁଝାଇ ଦେଇଛି ଦୁଃଖକୁ ସାଥୀ କରି କେମିତି ଜୀବନ ଜିଇଁବାକୁ ହୁଏ, ଦୁଃଖକୁ କେମିତି ଆପଣାଇବାକୁ ହୁଏ, କେମିତି ପରକୁ ନିଜର କରିବାକୁ ହୁଏ ଓ କେମିତି ନିଜକୁ ନିଜ ଭିତରେ ଖୋଜିବାକୁ ହୁଏ।

ମୁଁ ଲକ୍ଷ୍ୟ କରିଛି ଦୂରରୁ ତା' ପାଣିର ପଟାଳି ଭିତରେ ନୀରବ ସୁଅକୁ, ଶୁଣି ପାରୁଛି ତା' ଦେହରେ ଧରି ରଖିଥିବା ମୋ ମୁଖ ନିଃସୃତ ଅନେକ ଶବ୍ଦଙ୍କୁ ଯେଉଁମାନଙ୍କୁ ଆପଣାଇ ମୋ ମନରେ ଆସୁଥିବା ଅନେକ ଭାବନାଙ୍କୁ ରୂପ ଦେଇଛି କବିତା ଆକାରରେ। ଏବେବି କୁଶଭଦ୍ରା ସେମିତି ଅଛି, ଏତିକି ଯେ ତା' ଦେହରେ ସୁଅସବୁ ନୀରବି ଯାଇଛି ଅନେକ ଦିନୁ। ତା ତୁଠରେ ପଡ଼ିଥିବା ପଥର ଖଣ୍ଡକୁ ଦେଖିଲେ ମୋ ପାଦଚିହ୍ନ ବି ମୋତେ ଜଳଜଳ ଦିଶୁଛି, ତା'ଜଳରେ ମୋ ଦେହର ଗନ୍ଧ ବି ସ୍ପଷ୍ଟ ବାରି ହୋଇ ପଡୁଛି, ନିର୍ଜନ ରାତିରେ ମୁଁ ଦୁଃଖରେ କାନ୍ଦୁଥିବା ମୋ ବିକଳ ସ୍ୱରର ଚିତ୍କାର ମୋତେ ଏବେବି ଶୁଭୁଛି। ଜୀବନରେ କେତେ କେତେ ଜାଗା, କେତେ ପାହାଡ଼, କେତେ ଝରଣା, କେତେ ନଦୀ, ଅରଣ୍ୟ ଆଦି ଦେଖିଛି ହେଲେ କୁଶଭଦ୍ରାକୁ ଦେଖିଦେଲେ ମୋ ପିଲାଦିନର ଘଟଣାସବୁ ଗୋଟି ଗୋଟି ହୋଇ ମନେ ପଡୁଛି ଯିଏ ପ୍ରତି ମୁହୂର୍ତ୍ତରେ ମୋତେ ପ୍ରବର୍ତ୍ତାଉଛି ଜୀବନକୁ ତନ୍ନ ତନ୍ନ କରି ପରଖି ନେବାକୁ, ଗତିଶୀଳ ସମୟ ସହିତ ତାଳ ଦେଇ ଆଗକୁ ବଢ଼ିବାକୁ, ଅନ୍ଧାର ସହ ବନ୍ଧୁତା କରି ଆଲୋକ ଖୋଜିବାକୁ, କାମନା ଓ ତାଡ଼ନାର ଭିଡ଼ ଭିତରେ ନିରିହ, ନିରୁପାୟ, ଅସହାୟ ମଣିଷଟିର ଏକଲାପଣକୁ ନିରିକ୍ଷଣ କରି ଉଚିତ୍ ମାର୍ଗ ଦେଖାଇବାକୁ, ସାମାଜିକ ବ୍ୟବସ୍ଥା ସବୁର ଦୁଃସ୍ଥ ବିକଳ ଚିତ୍ରକୁ କବିତାରେ ଧରି ରଖିବାକୁ।

ସ୍ୱଳ୍ପ ସମୟର ଅବଧି ଭିତରେ ପୁସ୍ତକ ପ୍ରକାଶନର ଦାୟିତ୍ୱ ନେଇଛନ୍ତି ବ୍ଲାକ ଇଗଲ୍ ବୁକ୍ସ୍‌ର ପ୍ରକାଶକ ସତ୍ୟ ପଟ୍ଟନାୟକ, ତାଙ୍କୁ ମୋର ହୃଦୟଭରା ଧନ୍ୟବାଦ ଜଣାଉଛି। ମୋ ନାତିନାତୁଣୀ, ପୁଅବୋହୂ, ଝିଅ-ଜ୍ୱାଇଁ ସମସ୍ତେ ମୋତେ ପୁସ୍ତକ ପ୍ରକାଶନରେ ଉତ୍ସାହିତ କରିଥିବାରୁ ଓ ପରିଶେଷରେ ମୋର ଧର୍ମପତ୍ନୀ ଡ. ରୀତା ପତିଙ୍କର ଅକୁଣ୍ଠ ସାହାଯ୍ୟ ଓ ସହାନୁଭୁତି କାର୍ଯ୍ୟକୁ ତ୍ୱରାନ୍ୱିତ କରିଥିବାରୁ ସମସ୍ତଙ୍କୁ ମୋର ଆନ୍ତରିକ ଶୁଭେଚ୍ଛା, ଶୁଭକାମନା ଓ ଅଶୀର୍ବାଦ ଜଣାଉଛି।

ପ୍ରଥମାଷ୍ଟମୀ — **ଜୟ ଜଗନ୍ନାଥ**

୧୨.୧୧.୨୦୨୪ — **ବନ୍ଦେ ଉତ୍କଳ ଜନନୀ**

କବିତା କ୍ରମ

ସମୟ

ସମୟ ବୁଝିଲାନି ସମ୍ପର୍କର ପରିଭାଷା
ଯନ୍ତ୍ରଣାର ଜତୁଗୃହ ନିମିଷକେ ଜଳିପୋଡ଼ି ଗଲା ।
ସ୍ମୃତିର ସାଇତା ଶବ୍ଦ ସବୁ ଭାସି ଯାଉଥିଲେ
ତଳକୁ ଓହଳି ପଡ଼ିଥିବା ଅସମୟର ଆକାଶ ଦେହରେ,
ଦକ୍ଷତାର ଦୁଃଖସବୁ ହାର ମାନିଥିଲେ
ଅଳ୍ପ ଅଳ୍ପ ସହୃଦୟତାରେ ।।

କିଛି ନଥିଲା ଭଲଥିଲା, କିଛି ଦୁଃଖକୁ ଆପଣାଇ
ମୁଁ ଦେଖୁଥିଲି ଏଠାରୁ ନିଖୋଜ୍
ହୋଇଥିବା ବେଶ୍ କିଛି ମଲା ମୁହଁ
ଆବେଗହୀନ ଦୃଶ୍ୟ ସବୁର ଶୂନ୍ୟ ପଟ୍ଟଚିତ୍ର
ଆହତ ଓ ଅନାହତ ଆକୃତି ସବୁର
ଅବିଚଳିତ, ଅବହେଳିତ, ଆକସ୍ମିକ ଆବିର୍ଭାବ
ନିଜ ଉପରେ ନିଜର ନଜର ବି ହଜିଗଲା କିଛିକ୍ଷଣ ପାଇଁ,
ଭାବିଲେ ଏବେବି ଶୀତେଇ ଆସେ
ଦେହଟା ମୋ ଚେତନା ଥରେଇ ।।

ଅନ୍ଧାର ଓଗାଳି ବସେ ଆଲୋକର ସୁଦୃଢ଼ ସଡ଼କ
ଧମନୀରେ ରକ୍ତ ପ୍ରବାହିତ ହୁଏ
ବାରମ୍ବାର ଧକ୍କା ଖାଇ ଖାଇ
ନିର୍ଜୀବ ଦେହଟା ନିଃସଂକୋଚରେ ଉହିଁ
ରହିଥାଏ ଟୋପାଏ ଆଶ୍ୱାସନାକୁ
ସମୟର ସୌଦାଗର ସବୁଦେଖି ନ ଦେଖିଲା ପରି
ଅବିରାମ ଡଉଲି ଚଲିଥାଏ ସକଳ ସ୍ୱପ୍ନକୁ

ନିଭୃତ ଓ ନିରବତାର ତରାଜୁ ଦେହରେ
ଧୈର୍ଯ୍ୟର ଆଶାବାଡ଼ିଟିଏ ଧରି ଦୁର୍ଦ୍ଦିନକୁ
ଆପଣାଇଥିବା ମୁହୂର୍ତ୍ତମାନଙ୍କୁ ଆଶ୍ରାଦିଏ
ତା'ର ସେ ବାସ୍ତବତାର ଚଉଡ଼ା ଛାତିରେ ।।

ଶବ୍ଦସବୁ ଉଡ଼ି ବୁଲନ୍ତି ମୋ ଚାରିକଡ଼
ଭାଷା ହୁଅନ୍ତି ଆନମନା
ବିସ୍ମୟ ବିଭୋର ହୋଇ ଉଠନ୍ତି ମନରେ
ଉଙ୍କି ମାରୁଥିବା ଅନେକ ଭାବନା
ଦିନ ବିତି ରାତି ହୁଏ
କଳ୍ପନାରେ ଝୁଲୁଥାଏ ମନ
ବେଳେବେଳେ ଏମିତି ବି ଲାଗେ
କ'ଣ ଏଠି ସବୁଦିନ ପାଇଁ
ହେବିକି ନିଶ୍ଚିହ୍ନ ।।

ପ୍ରତୀକ୍ଷା ମୋ ପାଇଁ
ଏବେ ଏକଇ ସମ୍ବଳ,
କେବେ ତା'ର ଅନ୍ତହେବ
ଜଣାନାହିଁ ମୋତେ
ଆଶା ଓ ଆଶଙ୍କାରେ
ଗଡ଼ିଯାଏ ବେଳ ।।

ସମୟ ସରେନି ଏଠି
ନୀରବି ଯାଏନି କୋଳାହଳ,
ଚତୁର୍ଦ୍ଦିଗ ଦିଶେ ଖାଲି ଉତ୍ସବ ମୁଖର
ଧନ୍ୟ ତୁ ସମୟ, ଧନ୍ୟତୋ'ର ଅସରନ୍ତି ଖେଳ ।।

ରାତି ଅଧରେ ଈଶ୍ୱର

ଅଧରାତିରେ ଅଧା ଅଧା ସ୍ୱପ୍ନ ଦେଖି
ଉଠି ବସିବା ଉତ୍ତାରେ ମୋତେ
ସବୁ ଭିନ୍ନ ଦେଖାଗଲା
ଶୋଇବା ଘରର ଆସବାବ ପତ୍ରସବୁ
ସତେ ଯେମିତି ଲାଖି ରହିଲେ
ମୋ ନିଦ ଛାଡ଼ି ନ ଥିବା
ଆଖିର ଝରକା ଭିତରେ ।
ଏକ୍‌ରୁ ଦୁଇହେବା ନିଶାରେ ମୋ
ଏକଲା ପଣଟା ବଂଦୀ ହୋଇ ଯାଇଥିଲା
ଆଖି ବୁଲାଇ ଆଣିଥିବା
ନିର୍ଜନତାର ଲବଙ୍ଗ ଦ୍ୱୀପରେ ॥

ଦରଜା ଆରପାଖେ ବେଶ୍ ସତେଜ୍
ଦେଖାଯାଉଥିଲେ ନିର୍ଜିବ ମୂର୍ତ୍ତିସବୁ
ସମସ୍ତେ ମୁକ୍ତିର ଅପେକ୍ଷାରେ
ଏଇ ଅଧରାତିଟା କ'ଣ ମୁକ୍ତିର ବେଳ !

ସ୍ପଷ୍ଟ ଶୁଣାଯାଉଥିଲା ସେମାନଙ୍କ କଥାବାର୍ତ୍ତା
ମୁଁ ଯେତେ ଆଗେଇଯାଉଥାଏ
ସେମାନଙ୍କ ନିର୍ଜୀବ ତୁଣ୍ଡର ଭାଷା ଶୁଣିବାର
ଉତ୍କଣ୍ଠା ମୋତେ ପଛକୁ ଟାଣି ଧରୁଥାଏ।
ମୋ ହାତ ତିଆରି ମୂର୍ତ୍ତିମାନଙ୍କର ହୃଦୟର ଭାଷା
କ'ଣ ମୋ ଠାରୁ ସଂପୂର୍ଣ୍ଣ ଭିନ୍ନ!
ପାହିବାକୁ ଅପେକ୍ଷାରତ ରାତିର ନିରବତା ଠାରୁ
ସେମାନଙ୍କ ଭାଷା କ'ଣ ଆହୁରି କଠିନ!!

କିଏ ଜଣେ ଠିଆ ହୋଇଥିବା ଦେଖି
ମୋତେ ଲାଗୁଥିଲା ମୁଁ କ'ଣ ଏପର୍ଯ୍ୟନ୍ତ
ଅଧାଦେଖା ସ୍ୱପ୍ନରେ ଆବିଷ୍ଟ
ନିର୍ଜୀବ ମାନଙ୍କ ଭିତରେ ସଜୀବର ଉପସ୍ଥିତି
ନିଃସଂଗତା ଭିତରେ ନିର୍ଜନତାର ଝଲକ୍
ଭୟାତୁର ମନରେ ନିର୍ଭିକ ପରିବେଶ
ସାହସର ସହିତ କିଏ ବୋଲି ପଚାରିବାରୁ
ସେ କହିଲେ ସିଏ ଈଶ୍ୱର
ଉଜ୍ଜ୍ୱଳତାର ଆଲୋକରେ ଉଦ୍ଭାସିତ
ତାଙ୍କ ମୁଖମଣ୍ଡଳ, ସିଏ ଖୁସି ହେଉଥିଲେ
ସତରେ ଶିଳ୍ପୀ! ତୁମ ହାତଗଢ଼ା ସୃଷ୍ଟିରେ
ସବୁ ଭରିରହିଛି ନିଖୁଣତାର ଅନନ୍ୟ କାରିଗରୀ।
ମୁଁ ଆଉ ରହିନପାରି କହିଲି ହେଲେ କ'ଣ ହେବ
ତୁମେ ତ ମୋର ସ୍ରଷ୍ଟା, ଏସବୁ ତୁମର ବାହାଦୂରୀ ॥

ଈଶ୍ୱର ହସିଲେ, ହେ ଶିଳ୍ପୀ, ମୋ ହାତ ତିଆରି
ମଣିଷ ହାତରେ ମୋର କେତେ କେତେ ରୂପ
ଆଜି ଯିଏ ବିଷ୍ଣୁ ସିଏ କାଲି ରାମ
ଆଜି ଯିଏ ଶିବ କାଲି ଭିନ୍ନ ନାମ
ଭାଗ ଭାଗ କରି ମୋ ଅସ୍ତିତ୍ୱକୁ
ଭୁଲିଗଲେ ସବୁଦିନ ପାଇଁ
ଆଜି ଯିଏ ପୂଜାପାଏ କାଲି
ତାକୁ ଦିଅନ୍ତି ଦୂରେଇ
ସ୍ୱାର୍ଥରେ ବଂଚିଛି ମଣିଷ ଏଠି ଅର୍ଥରେ ବଂଚିଛି ।
ସତ୍ୟର ଛଳନା ଦେହେ ମିଛ ଭରିଅଛି ॥

ହେ ଶିଳ୍ପୀ ! ତୁମେ ସତରେ ମହାନ୍
ତୁମ ସୃଷ୍ଟି ଆଜି ଯେମିତି
ସବୁଦିନ ଅମଳିନ ସେହିପରି ।
ଧନ୍ୟ ତୁମ ଏକାଗ୍ରତା ଧନ୍ୟ ତୁମ କାରିଗରୀ ॥

ମୁଁ

ଗଛତଳେ ଠିଆ ହୋଇ ଛାଇ
ଖୋଜୁଥିବା ଲୋକଟି କିଏ ବୋଲି
ଯଦି ପଚରାଯାଏ, ମୁଁ କହିବି ସିଏ ଆଉ
କେହି ନୁହେଁ ମୁଁ, ଝରଣା କୂଳରେ ବୁଲୁବୁଲୁ
ଶୋଷରେ ତଣ୍ଟି ଶୁଖିଯାଉଥିବା ଲୋକଟି ବି ମୁଁ
ପୂର୍ଣ୍ଣିମା ରାତିରେ ଆକାଶରେ ଜହ୍ନ ଖୋଜୁଥିବା
ଲୋକଟି ମୁଁ, ରାତିସାରା ଉଜାଗର ରହି ଦିନରେ
ସ୍ୱପ୍ନ ବିଭୋର ହେଉଥିବା ଲୋକଟି ହେଉଛି ମୁଁ
ମୋ ଭିତରେ 'ମୁଁ' କୁ ଲୁଚେଇ ରଖିଥିବା
ଲୋକଟି ମୋ ଛଡ଼ା ଆଉ କିଏ ହୋଇପାରେ।
ମିଛକୁ 'ମ' କହୁନଥିବା ଲୋକଟି ପରିସ୍ଥିତିରେ ପଡ଼ି
ଚୋରକୁ ଧର କହିଲେ ବାନ୍ଧି ଦେଇପାରେ।

ମୁଁ କ'ଣ ସତରେ ନିର୍ବୋଧ !
ଏତେ ଗୁଡ଼ାଏ 'ମୁଁ'ର ସାମ୍ନା କରୁକରୁ
ମୋର ଅସ୍ତିତ୍ୱ ହରେଇ ଦେଇଛି କାହିଁ କେତେକାଳୁ
କିଛି ଗୋଟାଏ ବାହାନାକରି ବାସ୍ତବତାଠାରୁ
ଦୂରେଇ ଯିବାର ଅପଚେଷ୍ଟା ମୋତେ ବ୍ୟସ୍ତ ବିବ୍ରତ
କରିଛି ଥରେ କି ଦି'ଥର ନୁହେଁ ବହୁବାର।
ସତକୁ ସତକହି ଅପଦସ୍ତ ହେବାର ଅପଚେଷ୍ଟା
ମନରେ ଗଢ଼ିଛି ମୋର ଭୟର କୁତବମିନାର॥

ନଷ୍ଟସ୍ୟ କାନ୍ୟା ଗତି ନ୍ୟାୟରେ ମୁଁ
ନଷ୍ଟ ହୋଇଯାଇଛି ମୋ ଅଜାଣତରେ ଅନେକଥର
ଅଣ୍ଟା ସଳଖି ଠିଆହୋଇ ପାରିନି
ସଳଖ, ସୁନ୍ଦର ମସୃଣ ରାସ୍ତାରେ ବି ଗୋଡ଼ ଖସି
ପଡ଼ିଯାଇଛି, ଉଠିବାକୁ ଚେଷ୍ଟାକରି ବିଫଳ ହୋଇଛି
ତୁଣ୍ଡରୁ ଖସିଯାଇଥିବା ଶବ୍ଦ କେତୋଟି ମୋତେ
ବଦ୍‌ମାସ୍ ଗଳି ଭିତରକୁ ଟାଣି ନେଇଛନ୍ତି।
ଅନ୍ୟାୟକୁ ପ୍ରଶ୍ରୟ ଦେଇ ସାରା ଜୀବନ ବିତେଇଦେଇଥିବା
କଥା ମୋ ଘରିକଡ଼ର ଲୋକେ କହିଚାଲିଛନ୍ତି॥

ସାଇରୁ ଭାଇରୁ ଭିନ୍ନ ଏ ସ୍ୱାର୍ଥପର ଦୁନିଆରେ
ସୁଖଅଛି, ଶାନ୍ତି ଅଛି, ଆନନ୍ଦ ବି ଅଛି
ସଭିଏଁ ମାୟାରେ ବନ୍ଧା, ଅନ୍ଧପୁତୁଳିଟି ମାନ
ଆଖିରେ ବାନ୍ଧି ବଂଚିରହିବା ଏଠି ଶ୍ରେୟସ୍କର
ସବୁକିଛି ଲାଗେ ଏଠି ବିସ୍ମୟ ବିଭୋର॥

ସେଇ ଘଣ୍ଟାକ ପାଇଁ

ମୋତେ ଆଉ ପରିଚୟ ଦେବାକୁ ପଡ଼ିଲାନି
ମୋ ବିଷୟରେ ସିଏ ଆଗରୁ ସବୁ ବୁଝି ସାରିଥିଲେ
ମୁଁ ଯିବା ବେଳକୁ ଘରଟା ଲାଗୁଥିଲା ନିହାତି ନିଜର
ସିଏ ବସିଥିଲେ ଏକ ଆର୍ମ ଚେୟାରରେ ବାଲ୍‌କୋନିରେ
ପଛକୁ ବୁଲିବୁଲି ଦେଖୁଥିଲେ ମୋତେ
ପ୍ରଶାନ୍ତବାବୁ ପଠାଇଛନ୍ତି ତ କହି
ବସିବାକୁ କହିଲେ, ତାଙ୍କ ବଳିଷ୍ଠ
ମସୃଣ ଦେହ ଆଗରେ ବାର୍ଦ୍ଧକ୍ୟର
ଛାପ ଲେଶମାତ୍ର ଦିଶୁ ନ ଥିଲା ।
ସେ ଖୁବ୍ ସତେଜ୍ ଦିଶୁଥିଲେ
ବୟସ ବି ସତେ ଯେମିତି ତାଙ୍କ ପାଖେ
ହାର୍ ମାନିଥିଲା ॥

ମୁଁ କିଛି ପଚାରିବା ଆଗରୁ ସେ
ଆରମ୍ଭ କଲେ ତାଙ୍କ ଆଡୁ, କ'ଣ ପଢ଼ିଛ ?
ବି.ଏ ପାଶ କରିଛି ବୋଲି ଶୁଣି ସେ
ବେଶ୍ ଖୁସି ହେଲେ, ମୁଁ କାମ କ'ଣ ବୋଲି
ପଚାରିବାରୁ ସେ କହିଲେ ଏମିତି କିଛି ନାହିଁ
ଖାଲି ଘଣ୍ଟାଟିଏ କଟେଇବ ମୋ ସହିତ ପ୍ରତିଦିନ
ମୁଁ ଯାହା କହିବି ଶୁଣିବ ଓ ତୁମେ
ଯାହା କହିବ ମୁଁ ଶୁଣିବି ।
ମୋ ନିଃସଂଗ ଜୀବନକୁ ସାଥୀଟିଏ ଦେବି ।।

ବାଲ୍‌କୋନିରେ ଚାରୋଟି ଗୋଲାପ ଗଛ
ସଯତ୍ନେ ପାଳିଛନ୍ତି ସେ, କଢ଼ରେ ଭର୍ତ୍ତି
ଫୁଲମାନେ ଫୁଟିବେ ଫୁଟିବେ ହେଉଛନ୍ତି
ସେ ଦିନଠୁ ପ୍ରତିଦିନ ସେଠିକି ମୋ ଯା'ଆସ
ଗୋଟିଏ ଘଣ୍ଟାରେ କେତେକେତେ ଆଳାପ ଆଲୋଚନା
ବେଦ, ବେଦାନ୍ତ, ଉପନିଷଦ, ଗୀତା, ଭାଗବତ
ସବୁଥିରେ ତାଙ୍କର ଦକ୍ଷତା, ଦି' ପୁଅ ଆମେରିକାରେ ।
ସ୍ତ୍ରୀ ସ୍ୱର୍ଗବାସୀ କେବେଠାରୁ, ଅଚଳାଚଳ ସମ୍ପତ୍ତି
କିନ୍ତୁ ଆଜି ନିଃସଙ୍ଗତାର ଦୁର୍ଗତି ଭିତରେ
ସେ ଜଣେ କ୍ୟାନସର୍ ରୋଗୀ ବୋଲି
ଯେବେଠୁ ଜାଣିଲି, ଭୟ ଓ ଆତଙ୍କ, ଦୁଃଖ ଓ ଦୁର୍ଦ୍ଦଶା
ଭିତରେ ମୋ ମନଟା ଆନ୍ଦୋଳିତ ହେଲା ।
ପାହି ଆସୁଥିବା ରାତି ଶୀଘ୍ର ପାହିଗଲା ।।

ଦିନର ସେଇ ଘଣ୍ଟାକ ସେ ଖୁବ୍ ଗପୁଥିଲେ
ବୋଧେ ସେଇ ଘଣ୍ଟାକୁ ସେ ଉତ୍କଣ୍ଠାର ସହିତ
ଅପେକ୍ଷା କରି ରହୁଥିଲେ। ତାଙ୍କ ବିଷୟରେ ଓ
ତାଙ୍କ ଭାଷାରେ ସ୍ୱାର୍ଥପର ଦୁନିଆ ବିଷୟରେ
ସେ ଜାଣିଥିବା ପ୍ରତିଟି ବିଷୟକୁ ସେ ବଖାଣୁଥିଲେ।
ବାର୍ଦ୍ଧକ୍ୟରେ ନିଃସଙ୍ଗ ଜୀବନ ମୃତ୍ୟୁଠାରୁ ବି
ଆହୁରି ଭୟଙ୍କର ହୋଇପାରେ।
ଜଳୁଥିବା ଦୀପଟି ପବନର ଗୋଟିଏ
ଝଟକାରେ ବି ଲିଭିଯାଇପାରେ।।

ସେଦିନ ପହଂଚିଲା ବେଳକୁ ସେ ଆଉ ନ ଥିଲେ,
ଥିଲା ତାଙ୍କ ମର ଶରୀରଟା
ସେଇ ବାଲ୍‌କୋନିରେ ସେ ବସିବା ଅବସ୍ଥାରେ
ତାଙ୍କ ଚାରିକଡ଼େ ଗୋଲାପ ଫୁଲଗୁଡ଼ିକ ଫୁଟି
ସତେଯେମିତି ତାଙ୍କୁ ବିଦାୟ ଦେଉଥିଲେ।

ଛଳନାର ଛାଇ

ମେଘକୁ ଯଦି ପଚରାଯାଏ ତୁ
କେଉଁଜାଗାରେ ବର୍ଷିବାକୁ ଯାଉଛୁ
ସିଏ ହେବ ନିରୁତ୍ତର
ଫୁଲକୁ ପଚାରିଲେ ତୁ କେଉଁ ଠାକୁରଙ୍କ
ଗଳାରେ ମାଳାଟିଏ ହେବୁ ସିଏ ନୀରବ ରହିବ
ନଦୀକୁ ପଚାରିଲେ ତୁ କେଉଁ ବାଟ ଦେଇ
ସମୁଦ୍ର ପର୍ଯ୍ୟନ୍ତ ଯିବୁ ସିଏ ବି କହିପାରିବନି
ମନକୁ ଯଦି ପଚାଯାଏ ତୁ କେଉଁ ବିଷୟରେ
ଭାବିବୁ ସିଏ କହିବ, ମୁଁ
ମୋର ଆୟତ୍ତରେ ନାହିଁ, ମୁଁ ଭାବିବି
ସେତେବେଳର ଇଚ୍ଛା ଅନୁଯାୟୀ ॥

ବାଡ଼ି ଭାଙ୍ଗିଯିବ ସିନା, ସାପ ମରିବନି ନୀତିରେ
ଏଠି ଚାଲିଛି ଛଳନା ଓ ପ୍ରବଂଚନାର ରାଜୁତି
ଲୋକଟିକୁ ଆଖି ଆଗରେ ରଖି
ଏଠି ନିୟମ ହେଉଛି ଗଢ଼ା,

ସବୁ ଜିନିଷ ଭୟରେ ଚାଲିଛି ଏଠି
ପୁଲିସ ଭୟକରେ ଚୋରକୁ
ଟ୍ରାଫିକ୍ ଭୟ କରେ ଗାଡ଼ିକୁ
ଶିକ୍ଷକ ଭୟ କରୁଛି ଛାତ୍ରକୁ
ଛାତ୍ରଟି ଭୟ କରୁଛି ପରୀକ୍ଷାକୁ
ଡ଼ାକ୍ତର ଭୟ କରୁଛି ରୋଗୀକୁ
ବାପା ମା' ଭୟ କଲେଣି ସନ୍ତାନସନ୍ତତିଙ୍କୁ
ଆଶଙ୍କା ଭୟ ବିପଦ ମନକୁ ଅସ୍ଥିର କରୁଛି
ନିଜେ ତ ନିଜର ନୁହଁ ଅନ୍ୟକଥା କିଏ ପଚାରୁଛି ?

ଘରେ ଘରେ ଆଜି ମହାଭାରତ
ସଂପର୍କର ସଂଜ୍ଞା ବଦଳି ଯାଇଛି
ଗଦାଗଦା ଛଳନାର ଚାଇ ଦେହେ
କେତେ ଯେ ଅନ୍ଧାର ଘୋଟିଛି
କାମନାଠୁ ଭୟଙ୍କର ହୋଇଛି ତୂଳନା
ଏବେ ତୁଳନା ହିଁ ଦୁଃଖର କାରଣ ସାଜିଛି
ଆମେ ହାରିଯିବାରେ ଯେତେ ଦୁଃଖ ପାଉନୁ
ବେଶୀଦୁଖ ଆମ ପଡ଼ିଶା ଘରର ଜିତାପଟରେ ।
ଶାନ୍ତି ଓ ଆନନ୍ଦ ଟିକିଏ ପାଇଁ
ନିରାପଦ ଜାଗାଟିଏ ଖୋଜୁଖୋଜୁ
ଆମେ ପହଂଚି ଯାଉଛୁ ଆସି କ୍ଷତବିକ୍ଷତ
ହୋଇଥିବା ମନର ଦଣ୍ଡକାରଣ୍ୟରେ ।।

ପରିସ୍ଥିତିର ପ୍ରହେଳିକାରେ ପ୍ରଲୁବ୍ଧ ଆମେ
କେତେଥର ଯେ ଅନ୍ଧ ହେଲୁଣି ତା'ର ହିସାବ ନାହିଁ
ଝୁଣ୍ଟିପଡ଼ି ଥରେ ଆହତ ହୋଇବି ସଜାଗ ହେଉନୁ
ବାରମ୍ବାର ଝୁଣ୍ଟୁଛୁ ପଡୁଛୁ
ନିୟମ ନ ଜାଣି ରାସ୍ତା ପାର ହେଲା ଭଳି
ଅଜାଣତରେ ଆମେ ନିଜକୁ ନିଜେ ପରଖି ଚାଲିଛୁ ।

ପରିବେଶ ହେଲାଣି ଦୂଷିତ
ସୁଖ କମ୍ ଏଠି ଦୁଃଖ ଅପ୍ରମିତ
ଧରମ ନାହିଁ ଏଠି କରମ ବି ନାହିଁ
କ୍ଷମତା ଲୋଭରେ ଆମେ ହେଉ ହାଇଁ ପାଇଁ
ଶ୍ରଦ୍ଧା ନାହିଁ କି ସରାଗ ନାହିଁ ।
ବଂଚିବା ଏଠି ନିରର୍ଥକ ମନେ ହୁଏ
ବିଶ୍ୱାସରେ ବିଷ ପିଇ ପିଇ ।।

ପ୍ରତିଧ୍ୱନି

ଜୀବନରେ କରିଥିବା ପାପସବୁ
ଏକାଠି ହୋଇ ମୋତେ ଦିନେ
ଅସ୍ତବ୍ୟସ୍ତ କଲେ। ସେମାନଙ୍କ ପ୍ରଶ୍ନର
ଉତ୍ତର ମୋ ପାଖେ ତ ନ ଥିଲା
ରାତିର ଉତ୍ତାପ ବେଗେ ବଢ଼ି ଚାଲିଥିଲା।
ମୋ ସବୁଜ ସ୍ୱପ୍ନସବୁର ଶ୍ୟାମଳ ସର୍ବାଙ୍ଗ
ମୋତେ ବାସ୍ତବତାର ନିର୍ଜନ ଦ୍ୱୀପକୁ
ଗୋପନରେ ଟାଣି ନେଇଥିଲା ॥

ମୋର ଏକାଗ୍ରତା ଓ କାର୍ଯ୍ୟ କରିବାର ଦକ୍ଷତା
ସମୟକ୍ରମେ କମି କମି ଗଲା
ମୋ ଭିତରେ ବସାବାନ୍ଧିଥିବା ହତୋତ୍ସାହ
ପଦାକୁ ବାହାରିଆସି ସର୍ବ ସମ୍ମୁଖରେ
ଆବିର୍ଭୂତ ହେଲା, ଡ଼ରିଗଲି, ମରିଗଲି ମୁଁ ବି।
ଅଳ୍ପ ଅଳ୍ପ କାଳ୍ପନିକ କୌଶଳକୁ
ଆପଣାଇ ମୋତେ ଲାଗିଲା ମୁଁ ଯେମିତି
ରାତି ପାହିବା ଆଗରୁ ସକାଳଠୁ ଲୁଚିଯାଇଥିବି।

ଏପରି ଉଭଟ ଚିନ୍ତାଧାରା କାହିଁ
ଏବେଏବେ ମନକୁ ଉଦ୍‌ଭ୍ରାନ୍ତ କରୁଛି
ଆଗରୁ ନିକଟରେ ଦିଶୁଥିବା ଚିହ୍ନାଜଣା ମୁହଁସବୁ
କାହିଁ ଆଜିକାଲି ଆଡ଼େଇ ଯାଉଛନ୍ତି
ଆପଣା କଲା କର୍ମମାନ ନୀତିରେ ମୋ ପାଖରେ
ଆତଯାତ ମୋର ସକଳ ସାମର୍ଥ୍ୟ
ସେମାନଙ୍କୁ ନିଜର ନକରି ପାରି ଦିନରାତି ଝୁରେ।
ଶୁଖିଲା ମୁହଁରେ ହସର ସୋହାଗ ଟିକେ
ଫୁଟାଇ ଦେବ କ'ଣ, ସବୁକିଛି ଲୁଚିଯାଏ
ଦୁଃର୍ଭାଗ୍ୟର ଦୀର୍ଘନିଃଶ୍ୱାସରେ ।।

ବିପଦ ଶଙ୍କୁଳ ମୋର ଚେତନାର ଚଉହଦି
ଭେଦ କଲାବେଳେ ମୋ କାମନା ସବୁର ଅଝଟ ପଣିଆ
ମୋତେ ଥରେ କି ଦି'ଥର ନୁହେଁ ବହୁବାର
ପ୍ରଲୁବ୍ଧ କରିଛି। ନିଃଶ୍ୱାସରେ ବିଶ୍ୱାସ ରଖିଥିବା
ଅନେକ ଉଚ୍ଛୁଳା ମୁହୂର୍ତ୍ତ ସବୁ ନିରୁଦ୍‌ବିଗ୍ନ ଦୃଷ୍ଟିରେ
ସେ ସବୁକୁ ମୋ ଠାରୁ ଛଡ଼େଇ ନେଇଛି ।।

ଋତୁ ବଦଳିଲା ପରି ମୋ ଅନ୍ତଃ କରଣଟା
ବଦଳି ଚାଲିଛି ସମୟର କାନ୍‌ଭାସରେ।
ଧୂସର ଅତୀତ ସବୁ ଅନ୍ତର୍ହିତ ହୁଅନ୍ତି
ସାନ୍ତ୍ୱନାର ଶୀତଳ ଭଣ୍ଡାରେ ।।

ଅଧାଲେଖା କବିତା କେତୋଟି

ବେଳେବେଳେ ଏକାନ୍ତରେ ମୁଁ
ମୋ ନିଜ ସହ କଥାହୁଏ।
ଅନ୍ତରର ଉଦ୍‌ବେଳନ
କବିତାର ରୂପ ନିଏ॥

ଅଧାଲେଖା କେତୋଟି କବିତା
ପଡ଼ିଛି ଏ ପର୍ଯ୍ୟନ୍ତ ମୋ ପାଖରେ ଦିନଦିନ ଧରି
କେତୋଟି ଆଖିରେ ପଡୁନାହାନ୍ତି ଏବେ
ଆଉକେତେ ଗଲେଣି ବି ଚିରି।
ସେମାନେ ବୁଝନ୍ତି ମୋ ମନର
ବ୍ୟଥା ଓ ବେଦନା, କଥା ବି ହୁଅନ୍ତି
ମୋ ସହ ବେଳେବେଳେ, ସେମାନଙ୍କୁ ପାଇ
ମୁଁ ହୁଏ ଆନନ୍ଦରେ କେତେ ଯେ ବିଭୋର
ମନ ଆଇନାରେ ସେମାନଙ୍କ ଛବି ଦେଖେ
ଚେଷ୍ଟାକରେ କେମିତି ସେମାନଙ୍କୁ ଜୀବନ୍ୟାସ ଦେବି
ଉଦ୍ଧାର ନକରି ଅଧାବାଟରେ ସେମାନଙ୍କୁ
କ'ଣ ଛାଡ଼ି ଚାଲିଯିବି!!

ବାଟରେ ଗଲାବେଳେ ସେମାନେ
ସାଥିରେ ଚାଲନ୍ତି, ଦୁଃଖରେ ମୋ ଆଖିରୁ
ସେମାନଙ୍କ ଲୁହଝରେ, ମୁଁ ଥାଏ ଏକ ଭିନ୍ନ ଦୁନିଆରେ
ପାଳିପୋଷି ସେମାନଙ୍କୁ ସମାଜ ଆଖିରେ
ପ୍ରତିଷ୍ଠିତ କରାଇବାର ଯୋଜନାରେ ସଫଳ ହେଲେ
ପ୍ରଚୁର ଆନନ୍ଦ ପାଏ, ଅସଫଳ ହେଲେ
ଯନ୍ତ୍ରଣାରେ ଛଟପଟ ହୁଏ ଓ ସେ ଯନ୍ତ୍ରଣା
କାଳକାଳ ପର୍ଯ୍ୟନ୍ତ ଲାଗି ରହିଥାଏ ।।

ଶବ୍ଦ କେତୋଟିର ଖେଳ ସହିତ
ଥାଏ ଭାଷା ଓ ଭାବନାର ଅପୂର୍ବ ସମନ୍ୱୟ
ଅନେକ କିଛି କଥାକୁ ଆପଣାଇ
ପ୍ରକାଶ କରିବାର ଅଦମ୍ୟ ଚେଷ୍ଟା ରହିଥାଏ
ଅବ୍ୟାହତ, ଲେଖିବାର ସାମର୍ଥ୍ୟ ଦିନକୁ ଦିନ ବୃଦ୍ଧିପାଏ
ଆଗ୍ରହର ଆକାଶ ମୋ ଅନ୍ତଃକରଣରେ
ବଢ଼ିଯିବା ପରି ଜଣାପଡୁଥାଏ ।।

ମୁଁ ସମର୍ପିଦିଏ ସେମାନଙ୍କୁ ମୋ ଭିତରେ
ଲୁଚିଯାଇଥିବା ଭୟ, ଭ୍ରାନ୍ତି, ସୁଖ, ଦୁଃଖ
ଓ ପୁଳାପୁଳା ପୁରୁଣା ପ୍ରଚେଷ୍ଟା
ସେମାନଙ୍କ ଦରଖଣ୍ଡିଆ ଦେହସହ
ବଂଚିରହିବାର ଦୁର୍ଦ୍ଦଶା ସବୁ ମୋତେ
ପ୍ରତି ମୁହୂର୍ତ୍ତରେ ବ୍ୟତିବ୍ୟସ୍ତ କରେ ।

ମନରେ ସାଇତା ହୋଇ ରହିଥିବା ସାନ୍ତ୍ୱନାଗୁଡ଼ିକ
ନିରବି ଯା'ନ୍ତି କେବଳ ସେମାନଙ୍କ ପରିପୂର୍ଣ୍ଣତାରେ।
ଅସଂଖ୍ୟ ଅଦମ୍ୟ ଚେଷ୍ଟାରେ ଲିଖିତ
କେତୋଟି ଅଧାଲେଖା କବିତାରେ ପରିପୁଷ୍ଟ ଏ ଜୀବନଟା
ଏଠି ସବୁଅଛି ପୁଣି କିଛି ନାହିଁ
କାହା ପାଇଁ କାହାର ସମୟ ନ ଥାଏ।
ନିଶ୍ଚିହ୍ନତା ବ୍ୟାପିଥାଏ ଆଖି
ପାଉନଥିବା ଦୂର ଦିଗ୍‌ବଳୟ ଯାଏ।।

ସ୍ୱପ୍ନ ଓ ସମ୍ଭାବନା

ନିଜକୁ ଯିଏ ଭଲ ପାଏନି
ସିଏ ଆଉ କାହାକୁ ବି ଭଲ ପାଇପାରେ ନାହିଁ
ଭଲ ପାଇବାର ସଂଜ୍ଞା ବଦଳିଯାଏ
ନିଜ ସ୍ୱାର୍ଥରେ ବାଧା ଉପୁଜିଲେ
ଯିଏ ପଶୁପକ୍ଷୀ, ଗଛଲତାଙ୍କୁ ଭଲପାଏନି
ସିଏ ମଣିଷକୁ କେମିତି ବା ଭଲ ପାଇବ।
କାଦୁଅରେ ଗୋଡ଼ଚିପିଚିପି ଚାଲୁଚାଲୁ
କେତେବେଳେ ସିଏ ତଳେ ପଡ଼ିଯିବ॥

ମଣିଷ ଏବେ ବି ଚାହୁଁଛି
ଛାଡ଼ିଆସିଥିବା ପିଲାଦିନକୁ
ଫେରିଯିବା ପାଇଁ, ଯେଉଁଠି ନାହିଁ
ଭଲ ପାଇବାରେ ଆବିଳତା
ଶାନ୍ତ, ସରଳ, ନିଷ୍କପଟ ଜୀବନ ଜିଇଁବାକୁ
ଆଉ ଥରେ ଇଚ୍ଛା ହେଉଛି

ନିଜ ଭୁଲକୁ ନିଜେ ସ୍ୱୀକାର କରି
ଅନ୍ୟ ଆଗରେ ବଡ଼ ହୋଇ ଯିବାରେ
ଥାଏ ଅସରନ୍ତି ଆନନ୍ଦ ଓ ଉତ୍ସାହ
ସତ୍ୟ, ଅହିଂସା, ଦୟା, କ୍ଷମା ସମାଜରୁ
ଏବେ ନିଶ୍ଚିହ୍ନ ହୋଇଗଲାଣି
ଅତୀତକୁ ମନେ ପକାଇବାର ପ୍ରଚେଷ୍ଟା
ଅହରହ ମନକୁ ଆନ୍ଦୋଳିତ କରୁଛି
ଜୀବନକୁ ନୂଆକରି ଗଢ଼ିବାର ସ୍ୱପ୍ନ
ଆଜି ସ୍ୱପ୍ନରେ ହିଁ ରହିଯାଇଛି ।।

ଯିଏ ଭଲ ଖାଏନି ସିଏ
ଖାଇବାକୁ ଦେବାକୁ ଭଲ ପାଏନି
ଖାଦ୍ୟରେ ବିଷ, ପରିବେଶରେ ବିଷ
ନିଶ୍ୱାସରେ ବିଷ, ବିଷରେ ବିଷ
ପ୍ରତି ମୁହୂର୍ତ୍ତରେ ସମାଜକୁ ଦଂଶନ କରୁଛି
ସାପଠାରୁ ବି ହେଉଛି ଭୟଙ୍କର
ସ୍ନେହ, ସୌହାର୍ଦ୍ଦ୍ୟ, ଶ୍ରଦ୍ଧା, ପ୍ରେମ
ସମାଜ ଆଖିରେ ସ୍ୱପ୍ନ ଓ ପ୍ରହେଳିକାମୟ ।
ଏଠି ରାତି ଦିନଦିନ ଲାଗୁଛି
ଓ ଦିନ ଲାଗୁଛି ବିଭୋର ବିସ୍ମୟ ।

ଶିଶୁର ସରଳ ନିଷ୍ପାପ ମନ, ବୃକ୍ଷର ଫୁଲଫଳ
ଓ ଛାୟା ପ୍ରଦାନକାରୀ ମନୋଭାବ, ନଦୀର ଜଳ
ଦେବାର ଅନନ୍ୟ ଉତ୍ସାହ, ପାହାଡ଼ର ସ୍ଥିରତା
ଆକାଶର ଅଗଣାରେ ଫୁଟିଥିବା ତାରା ଫୁଲ ସବୁର ରୋଷଣୀ
ସୂର୍ଯ୍ୟଙ୍କ ପ୍ରଖରତା, ଚନ୍ଦ୍ରର ଶୀତଳତା ଆଦି
ଖୋଜିବାକୁ ମଣିଷ ସତତ ଚେଷ୍ଟିତ ହେଲେବି
ସିଏ ପ୍ରସ୍ତୁତ କରିପାରୁନି ଭଲରେ ବଂଚିବାର ଭିତ୍ତିଭୂମି
ମନର ଭ୍ରମରେ ଆଜି ତା'ର ହଳାହଳ ବିଷର ସୁନାମି ॥
ଆସ ଆଜି ଆମେ ତଉଲିବା ସମାଜ
ଆମକୁ କ'ଣ ସବୁ ଦେଇଛି ଓ
ଆମେ ସମାଜକୁ କ'ଣ ଦେଇଛେ
ସମାଜ ସେବାରେ ଆମେ ନିୟୋଜିତ ହେବା
ମନରେ ନ ରଖି କିଛି ଆଶଙ୍କା ଓ ଭୟ ।
ଜୀବନକୁ କରିଦେବା ସମ୍ଭାବନାମୟ ॥

ବନ୍ଧୁତା

ତୁମର କାହିଁ କିଛି ଖୋଜ୍ ଖବର
ନାହିଁ ନୀଳମଣି, ହଜିଲା ଦିନର ସ୍ମୃତି ସବୁ
ତୁମଘର ଆଖପାଖଦେଇ କେତେ
ଖୋଜିଲେଣି ତୁମକୁ, କାହିଁ
କେଉଁଠି ଦେଖାଯାଉ ନାହଁ
ଭୁଲିଯିବାରେ କିଛି ଆପତ୍ତି ନାହିଁ ଯେ
ତୁମେ କାହିଁ ବାରମ୍ବାର ଆଜିକାଲି
ଖୁବ୍ ସହଜରେ ଚାଲିଆସୁଛ ମୋ ଭାବନା ରାଜ୍ୟକୁ,
ଅଳ୍ପ ଦିନର ସମ୍ପର୍କ ଭିତରେ ତୁମ ସହିତ
କେତେ ଆତ୍ମୀୟତା, ନିବିଡ଼ତା ସେ ବନ୍ଧୁତାର
ଭୁଲି ତ ହେଉନି, ବରଂ ଚେଷ୍ଟାକରୁଛି
ତାକୁ ସବୁଦିନ ପାଇଁ ମନେ ରଖିବାକୁ ॥

ଅଥଳ ଜଳରେ ଭାସୁଥିବା ମୋ ଭାବନାର ତରୀସବୁ
ତୁମ ସାହସରେ ଏ ପର୍ଯ୍ୟନ୍ତ ଭାସୁଛନ୍ତି

ଜାଣିନାହାନ୍ତି ତୁମେ ନିଖୋଜ ହୋଇଛ
ଦିନୁଦିନ ମୋ ସ୍ନାୟୁ ଗୁଡ଼ିକରେ ଚଳଚଞ୍ଚଳ
ରକ୍ତକଣା ସବୁ କେବେଠାରୁ ହେଲେଣି ଶିଥିଳ।
ଝରିଆଡ଼େ ଦିଶୁଛି ମୋତେ
ବିବର୍ଣ୍ଣ ଦିଶୁଥିବା ତୁମ ଓଠ ଓ କପାଳ॥

କେଉଁ ସାହସରେ କ'ଣ ପାଇଁ ଏଠୁ ଚାଲିଗଲ
କିଛି ତ ଅଭାବ ନଥିଲା ଏଠି
ତୁମେ କହିବ ଏଠି ପାଣିରେ ମିଶିଥିଲା ଜହର
ପବନରେ ଭାସିଯାଉଥିଲେ ମାରାତ୍ମକ ଭାଇରସ୍ ସବୁ
ଜହ୍ନରେ ନଥିଲା ଜ୍ୟୋସ୍ନା, ସୂର୍ଯ୍ୟରେ ଆଲୋକ
ଦିନ ସବୁ ଲାଗୁଥିଲେ ରାତିପରି
ଧୂଆଁଳିଆ ମେଘୁଆ ଆକାଶ।
ମୁହଁରେ ମିଛ ହସ ଓ ଭିତରେ ହଳାହଳ ବିଷ॥

ଆମେ ତ ଏ ସବୁକୁ ନେଇ ପୁଣି ଏଠାରେ ବଞ୍ଚିଛୁ
ପାଣିରୁ ଜହର ଛାଣି ଶୋଷ ମେଣ୍ଟାଉଛୁ
ପବନରୁ ଭାଇରସ୍ କାଢ଼ି ଦେବାରେ ସକ୍ଷମ ହୋଇଛୁ
ଦିନଠାରୁ ରାତିସବୁକୁ ଦୂରେଇ ଦେଇଛୁ
ଦିନରାତି ଲାଗୁଛି ଏକାପରି।
ଜ୍ୟୋସ୍ନାଭରା ଜହ୍ନ ହସୁଛି ପୁଣି
ଆଲୋକର ଉଜ୍ଜ୍ୱଳ ରେଖା ସବୁ
ଆସୁଛି ସୂର୍ଯ୍ୟରୁ ବାହାରି॥

ତୁମେ ତ କେବେଠାରୁ ଗଲଣି ଯେ ଗଲଣି
ଆଉ ଫେରିବକି ନାହିଁ ଜଣାନାହିଁ
ଧୈର୍ଯ୍ୟ ଟିକିଏ ବି ନାହିଁ ତୁମଠାରେ
ସବୁବେଳେ ଛାଟିପିଟି ହେଉଥିଲ
ଏଠୁ ପଳେଇ ଯିବାକୁ।
ଆମେ ଏଠି ଅହୋରାତ୍ର ଚାତକପରି
ଅନାଇ ରହିଛୁ, ତୁମ ଫେରି ଆସିବାକୁ।।

ବନ୍ଧୁପରି ବନ୍ଧୁଟିଏ ଥିଲ
ତୁମ ବିନା ନିଶ୍ଚଳ ଏ ପାର୍ଥିବ ଶରୀର
ଏତିକି ଅନୁକମ୍ପା କର ଆମଠାରେ
ସବୁବେଳେ ଆମ ହୃଦୟରେ ଥାଅ।
ତୁମସହ ଥିବା ବନ୍ଧୁତାକୁ
ଚିରକାଳ ଜିଇଁବାକୁ ଦିଅ।।

ଜୀବନ

ଜୀବନଟା ଏକ ଯାତ୍ରୀବାହି ବସ୍‌ଭଳି
କେତେ ଯେ ଷ୍ଟପେଜ୍
ଧୀରେ ଧୀରେ ନିଃଶବ୍ଦରେ ଚାଲେ
ଚାଲୁ ଚାଲୁ ଅଟକି ବି ଯାଏ
ଦୁର୍ଦ୍ଦିନ ସୁଦିନ ସବୁ ମିଶାମିଶି ଫେଣ୍ଟାଫେଣ୍ଟି
କେହି ନୁହେଁ ଚିରସ୍ଥାୟୀ ପରା । ଆଜି ଯେ ବିଷାଦ ଗ୍ରସ୍ତ
କାଲିକୁ ସେ ହରଷରେ ଭରା ।।

ଲାଜଲାଗେ କହିବାକୁ କେମିତି
ଏ ଜୀବନ ଜିଇଁଛି । କେତେବେଳେ
ଦୁଃଖର ଦୁର୍ଦ୍ଦିନ ପୁଣି କେତେବେଳେ ସୁଖର ସାନିଧ ଲଭିଛି ।
ଖାଲଢ଼ିପ ରାସ୍ତା ଆଗକୁ ଲମ୍ବିଛି
ଛକପରେ ଛକ ଆସେ
କେତେ ଆଡ଼କୁ ରାସ୍ତା ଲମ୍ବିଥାଏ ।
ଚାଲିବାକୁ ପଡ଼େ ଅବିରତ
ରାସ୍ତାସବୁ ନ ସରିବା ଯାଏ ।।

ଗଦା ଗଦା ସ୍ୱପ୍ନର ସହର
ଝୁଲଉଥାଏ ରାତିର ଅନ୍ଧାର ଦେହରେ
ସ୍ମୃତିର ପରିଧି ଡେଇଁ ଭାବନା ରାଜ୍ୟରେ

ନିର୍ଦ୍ଦୟ ନିର୍ମମ ସେହି ବନ୍ଦୀ କାରାଗାରେ
ଶବ୍ଦର ପ୍ରାଚୁର୍ଯ୍ୟ ଭିତରେ ହଜିଗଲେ
ଖୋଜିବାକୁ ପଡ଼େ କେଉଁ କେଉଁ
ଶବ୍ଦ ସବୁ ନେଇ କବିତା ଲେଖିବି
ସେ କବିତାସବୁ କହୁଥିବ ମରମର କଥା
ଗାଉଥିବ ଜୀବନର ଗାଥା
ତୁମକୁ ଶୁଣି ଶୁଣାଇବି ।।

ଜିଦିକରି ଶିଖିଲି ମୋ ନିଜଠାରୁ
କେମିତି ଶବ୍ଦ ସବୁକୁ ଆୟତ୍ତ କରିବି
ଭାବନାକୁ ବନ୍ଦୀ କରିଦେବି ନିଃଶବ୍ଦ ସହରେ
କାମନାଠୁ ରହିବି ଉର୍ଦ୍ଧ୍ୱରେ ।
ଚିତ୍ର ଓ ଚରିତ୍ର ମାନଙ୍କୁ ଚିତ୍ରଣ କରିବି
ମୋ ମନର ମାନସପଟରେ ।।

ଶିଶୁଟିର ସରଳତା ଧରି ବୁଝିବିନି
ଚତୁଃପାର୍ଶ୍ୱରେ ଘେରି ରହିଥିବା କେତେ
ଛନ୍ଦ କେତେ ଯେ କପଟ
ଯୁବକଟିର ଉଦ୍ଦାମତା ଧରି ପଥଭ୍ରଷ୍ଟ
ହେବିନି ମୁଁ ଗାଇବିନି ବିରହ ସଙ୍ଗୀତ
ପ୍ରୌଢ଼ଟିର ନିଃସଙ୍ଗତା ଧରି ଭୋଗିବିନି
ଦୁଃଖକଷ୍ଟ, ଏକା ଏକା ଏକଲା ପଣକୁ ।
ହେ ଈଶ୍ୱର ! ଶକ୍ତି ଦିଅ ମୋତେ
ଜୀବନର ଗତିପଥ ବଦଳାଇ ଦେଇ ମୋତେ
ନେଇଯାଅ ତୁମର ସେ ଅଫେରା ରାଜ୍ୟକୁ ।।

ବିଶ୍ୱାସ

ବିଶ୍ୱାସର ବଳୟ ଭିତରେ ମୁଁ
ଦେଖୁଛି କେମିତି ମୋ ସଂସାର ଚାଲିଛି
ଫୁଲର ସୁଗନ୍ଧ ଆଉ ପକ୍ଷୀର କାକଳି
ସାଗରର ଉତ୍ତାଳ ତରଙ୍ଗ ପୁଣି ମେଘଭର୍ତ୍ତି
ଆକାଶରେ ଛୋଟବଡ଼ ଅନେକ ବିଜୁଳି
ସମୟର ଶାମୁକାରେ ମୁକ୍ତାଭରା ଅନେକ ସକାଳ
ଜ୍ୟୋତ୍ସ୍ନାଭିଜା ରାତିରେ ଚନ୍ଦ୍ରମା ପୁଣି ତାରା ମାଳମାଳ
ନଦନଦୀ ବନାନୀରେ ଭରପୁର ସୂର୍ଯ୍ୟର ସଫେଦ୍ କିରଣ
ସାରା ଜଗତକୁ ଉଦ୍‌ଭାସିତ କରେ।
ଅଂଗେନିଭା କେତେ ଯେ କାହାଣୀ ଲେଖା ହୋଇଯାଏ
ଜୀବନ ଓ ମରଣର ମାଦଳାପାଞ୍ଜିରେ॥

ସୁବିଧା ଅସୁବିଧା, ହାରଜିତ୍ ସବୁର ଲକ୍ଷ୍ମଣ ରେଖା
ଡେଇଁ ଯେତେବେଳେ ମୁଁ ଆଙ୍କି ବସେ
ଆଖି ପାଉନଥିବା ମୋର ଭବିଷ୍ୟତର ଚିତ୍ର ସବୁକୁ
ମୁଁ ହାରିଯାଏ, ସଙ୍କଳ୍ପର ସୀମାରେଖା ଅଦୃଶ୍ୟ ହୁଏ
କାହାର କାହାର ଅନୁକମ୍ପାରେ ବଞ୍ଚିବାକୁ ହୁଏ ଏଠି
ଶିଶୁଟି ନକାନ୍ଦିଲେ ମାଆ କ୍ଷୀର ନଦେଲା ଭଳି
ମୋତେ ଅହରହ ସଂଗ୍ରାମ କରିବାକୁ ପଡ଼େ।
ମୁଁ ଜାଣିବାରେ ମୁଁ ଜଣେ ଅସଫଳ ବ୍ୟକ୍ତି
ସଫଳତାର ସୂକ୍ଷ୍ମ ଉହାଡ଼ରେ॥

ମୋ ବଞ୍ଚିବାଟା ନିରର୍ଥକ ମନେ ହୁଏ
ଭାବନା ପାଏନି ରାହା ମନେରଖିବାର
ଭାଷାରେ ନଥାଏ ସଜ୍ଜମତା
ନିରପେକ୍ଷ ନିଃସଙ୍ଗ ଜୀବନ
ଚିର ଉପେକ୍ଷିତ ଉଦାସୀ ମନରେ
ଆପଣାର ଭାବ ଦିଶଇ ମଳିନ।
ବିସ୍ତାରିତ ଦୁଃଖ ଦିଶେ ଧୂସର ବିବର୍ଣ୍ଣ॥

ଯିଏ ଯାହା କହୁପଛେ ସବୁ ଶୁଣି
ମୁଁ ନଶୁଣିଲା ପରି ରହିଛି ନିରବ
କେତେ କେତେ ଭାବ ଅଭାବର କଥା
ଶୁଣି ଶୁଣି ବଧିର ହେଲେଣି
କେହି ନ ଜାଣିଲେ ତୁମେ ତ ଜାଣିଛ।
ତଥାପି ଦେଇଚାଲିଛ
ଭଲ ପାଇବାର ସବୁଜ ସଙ୍କେତ
ନିଜ ନିଜ ଭିତରେ ଯେତେ ସବୁ
ଭୁଲ୍ ବୁଝାମଣା ପାଶୋରି ଦେଇଛ॥

ସମ୍ମାନର ସହ ବଞ୍ଚିଛି ଏପର୍ଯ୍ୟନ୍ତ
ପଥଭ୍ରଷ୍ଟ ହୋଇନାହିଁ କେବେ
ଏମିତି ଏମିତି ବିଶ୍ୱାସରେ କଟିଯିବ
ଆଉ କେତେ ଦିନ।
ଭୁଲି ମୁଁ ପାରିବି ନାହିଁ
ତୁମ ସ୍ନେହ ତୁମ ଆଲିଙ୍ଗନ॥

ଆକସ୍ମିକ

ମୁଁ ଭାବି ନଥିଲି ତୁମ ସହିତ
ଏମିତି ଆକସ୍ମିକ ଭାବେ ଦେଖାହେବ
କି ଦୁଃଖରେ ମୁଁ ଥିଲି ତୁମେ ଜାଣିନ
ତୁମେ ତ ମୋର କେହି ନୁହେଁ
ତଥାପି ହୃଦୟଟା ତୁମର ଏତେ ବଡ଼ ଯେ
ମୋ ପାଇଁ ଜାଗାଟିଏ ତିଆରି ଦେଲ
ମୋ ଦୁଃଖରେ ଦୁଃଖି ହେଲ
ଭଲମନ୍ଦ ବୁଝିଲ ପଚରି।
ମନରେ ସାହସ ଦେଲ, ଦୁର୍ଦ୍ଦିନକୁ
ନିମିଷକେ ଗଲି ମୁଁ ପାଶୋରି॥

ପାର୍କ ଭିତରେ ଦେଖାହେଲା ତୁମସହ
ସେଦିନ ଥିଲା ସେ ଦୁର୍ଦ୍ଦିନ
ଅସଫଳ ଦେହମନ ନେଇ କିଛି ଖଜୁଥିଲି
ଅଚାନକ ତୁମ ଦେଖା ପାଇଗଲି

ମନରେ ମୋ ନଥିଲା ସରାଗ
ତୁମର ସାହାଯ୍ୟ କରିବାର ପ୍ରତିଶ୍ରୁତି
ମୋର ବଞ୍ଚିବାର ମୋଡ଼ ବଦଳାଇ ଦେଲା
ଭାବିଲେ ଏବେବି ସବୁକଥା ରହିଛି ସ୍ମୃତିରେ ।
ତୁମେ କେତେ ଭଲ ସତେ
ତୁମ ପରି କେହି ନାହାନ୍ତି ଏ ଖଣ୍ଡମଣ୍ଡଳରେ ।।

ତୁମେ କ'ଣ ସତରେ ଭଗବାନ !
ଭଗବାନଙ୍କ ଦେଖାତ, ମୁଁ ଶୁଣିଛି,
ବଡ଼ କଷ୍ଟରେ ବି ମିଳେନି
ତୁମେ କ'ଣ ସାହାରା ମରୁଭୂମିରେ
ଜଳାଶୟଟିଏ, ତୃଷାର୍ତ୍ତଙ୍କୁ ସାହା ହୁଅ
ମୋତେ ଦେଖୁଥିବା ମୋ ଘରିକଡ଼ର
ପଶୁପକ୍ଷୀ, ଗଛବୃଛ ଓ ଅନେକ ଯାତ୍ରୀ
ଯେଉଁମାନଙ୍କ ଗନ୍ତବ୍ୟସ୍ଥଳ
ମୋତେ ଆଦୌ ଜଣାନାହିଁ
ସମସ୍ତଙ୍କୁ ପଚାରିବୁଝିଲେ ସମସ୍ତେ
କହିବେ ମୁଁ କେମିତି ବାତୁଳପ୍ରାୟ
ହୋଇ ଖୋଜୁଥିଲି ଛନ୍ଦକପଟ ନଥିବା
ତୁମପରି ସାଧାସିଧା ସରଳ ମଣିଷଟିଙ୍କୁ ।
ଜୀବନ ଜିଆଁଇବାର କଳା ଓ କୌଶଳ
ତୁମକୁ ବେଶ୍ ଜଣାଅଛି ଓ ପରକୁ
କିପରି ହୁଏ ଆପଣାଇବାକୁ ।।

ଦୁଃଖ ଆସିଥିଲା ଦୁର୍ଦ୍ଦିନ
ପିଠିରେ ବୋଝହୋଇ
ଝଡ଼ ବହୁଥିଲା ଗଛରୁ ଫୁଲଫଳ
ସବୁ ଝାଡ଼ିଝୁଡ଼ି ଦେଇ
ନିଃଶ୍ୱାସ ଟିକକ ବଞ୍ଚାଇ ରଖିଥିଲା
ମୋ ପାରଦର୍ଶିତାକୁ ଜୀବନ୍ୟାସ ଦେଇ।
ବିଶ୍ୱାସ ଥିଲା କିଏ ନା କେହି ଆସିବେ
ଏ ଅବେଳରେ ଅସମୟକୁ ବୁଝାଇ ସୁଝାଇ।।

ଭସାମେଘପରି ଭାସିଗଲା
ସେ ନିଃସହାୟତା
ସମ୍ଭାବନାର ଝାପ୍‌ସା ପଥସବୁ
ପରିଷ୍କାର ହେଲା।
ଏବେବି ଭାବୁଛି ସେଦିନ
ତୁମକୁ ସେଠିକି କିଏ ପଠାଇଲା।।

ଅନୁତାପ

କଇଁଅପା ଯାହା କହୁଥିଲା
ଠିକ୍ କହୁଥିଲା, ମୁଁ ଖାଲି ଯାହା ବୁଝିଲିନି
ମୋର ଉଚିତ୍ ଥିଲା ତୋ ଭଳି ଅଥରପିଟାକୁ
ଘରକୁ ଆଣିବା ପୂର୍ବରୁ ପରଖିନେବାକୁ
ତୋ ମଗଜକୁ, ଅନେକ ଦିନରୁ ଅଳନ୍ଧୁ
ଲାଗିଯାଇଥିବା ତୋ ପାରିଲା ପଣକୁ।
ଘୁଙ୍ଗି କାଲୁଣିଟିଏ ବି ତୋ ଠାରୁ ଅନେକ ଉଚ୍ଚରେ
ଓଲି କାବାଡ଼ିଟିଏ ହୋଇ କେତେଦିନ ବା ଚଳିବୁ
ତୋତେ ନେଇ ଘର କରିବାଯାହା ପଥର ଚିପୁଡ଼ି
ତା'ଦେହରୁ ପାଣି ବାହାର କରିବା ସେଇଆ
ଉପରକୁ ସିନା ଲାଗୁଛୁ କେଡେ ଶାନ୍ତ ଓ ସରଳ।
ସତରେ ତତେ ବୁଝିବା ଭାରି କଷ୍ଟକର॥

ରାତି ପାହିଛି କି ନାହିଁ
ସ୍ୱପ୍ନ ସବୁ ରହିଗଲେ ସ୍ମୃତି ହୋଇ
ସବୁଦିନ ପାଇଁ, ଚେଇଁ ରହି ବଞ୍ଚିବାର
ମିଛ ଅଭିନୟ, ନର୍କ ଯନ୍ତ୍ରଣାରେ ଛଟପଟ ହେଉଥିବା
ଲୋକଟିର ସ୍ୱର୍ଗକୁ ହାତବଢ଼େଇବାର ଅପଚେଷ୍ଟା

ଦରଜଳା କାଠ ଖଣ୍ଡିକ ଭିତରେ ଲୁଚି ରହିଥିବା
ଜଳେଇ ଦେବାର ବିଶ୍ୱାସ ଘାତକତା
ସବୁଥିରେ ତୁ ସିଦ୍ଧହସ୍ତ, ତୋତେ ନେଇ
ବଞ୍ଚିବା ମାନେ ସାମ୍ନା କରିବା ଅକାଳ ମୃତ୍ୟୁର।
ବଞ୍ଚିବା ଅପେକ୍ଷା ମରିଯିବାଟା ବରଂ ଶ୍ରେୟସ୍କର॥

କୋଉ ବାଗରେ କି କୋଉ ଢଙ୍ଗରେ
ତୋ ସହିତ କଥାବାର୍ତ୍ତା କଲେ ତୁ ବୁଝିବୁ
ନିଜର କରି ଚଳିବା ତ ଦୂରର କଥା
ନିରିଖେଇ ଅନେଇଲୁନି କାହା ମୁହଁକୁ
ମଝିରେ ମେଘନାଦ ପାଚେରୀ ଠିଆ କରେଇଲୁ
କାହା ବୁଦ୍ଧିରେ ପଡ଼ି ତୋତେ କେବଳ ଜଣା
ଜୀଅଁନ୍ତା ଶବଟିଏ କରିଦେଲୁ ମୋତେ
କୂଳରେ ଭାସୁଥିବା ଡଙ୍ଗାଟିକୁ ପେଲି
ଭସାଇ ଦେଲୁ ମଝି ଦରିଆକୁ।
ଅନୁତାପ ଅନଳରେ ଜଳିଯାଇଛି ମୁଁ
କି ଯୋଗରେ ତୋତେ ଆଣିଲି ଘରକୁ॥

ଚହଲିଗଲା ପାଣି, ଡଙ୍ଗା ଅଣେଇ ହୋଇଯାଇଛି
ମଉଳିଗଲା ମନ, ଅନ୍ଧାର ଘୋଟିଘୋଟି ଆସୁଛି
ଥରିଲା ଗୋଡ଼ହାତ, ଶିଥିଳ ହେଲା ଦେହ
କେଉଁ ରାଇଜର ପକ୍ଷୀ, ଉଡୁଛୁ କେଉଁଠି କହ
ଭାବିଥିଲି ଶାଳଗ୍ରାମଟିଏ, ପାଇଲି ପଥର ଖଣ୍ଡିଏ
ଯାହାକୁ ମୁଁ କରିଲି ନିଜର, ସିଏ କାହିଁ ପର କରିଦିଏ।

ସୁଧୁରି ଯାଅ

ମୋ ଛଡ଼ା ତୁମକୁ ଜୀବନରେ କିଏ କ'ଣ
ବେଶୀ କିଛି ଦେଇ ପାରିଥା'ନ୍ତା
ସୂର୍ଯ୍ୟଠୁ ଆଲୋକ ଆଣି ତୁମକୁ ରାସ୍ତା
ଦେଖାଇଲି, ତୁମ ଭିତରର ଅହଙ୍କାର ସବୁକୁ
ଜାଳିପୋଡ଼ି ଦେଲି, ଜହ୍ନଠୁ ଆଣିଲି ଶୀତଳତା
ତମ ଦେହର ତାତିକୁ ଶୀତଳେଇ ଦେଲି,
ପାହାଡ଼ଠୁ ଆଣିଦେଲି ଏକାଗ୍ରତା, ତମ
ବିକ୍ଷିପ୍ତ ଚିନ୍ତାକୁ ସଂକ୍ଷିପ୍ତ କରିଦେଲି
ପାଣି, ପବନ ଓ ବୃକ୍ଷ ସବୁରୁ ଆଣିଲି ନିଃସ୍ୱାର୍ଥପରତା
ତମକୁ ସେବା କ'ଣ ଶିଖାଇଲି
ତମେ କ'ଣ ଶିଖିଲ, କେମିତି ଜିଇଁଲ
ତାହା କେବଳ ତମକୁ ହିଁ ଜଣା ।
ମୋତେ ଦେଇଥିବା ପ୍ରତିଶ୍ରୁତି ସବୁ
କାଳକ୍ରମେ ହେଲେ ପ୍ରତାରଣା ।।

ଯେତେ କହିଲି ତୁଳନା କରନି ତୁମକୁ
ଅନ୍ୟ କାହା ସାଙ୍ଗେ, ଜମା ଶୁଣିଲନି

ଡାକି ବଜେଇ ଘରିଆଡ଼େ କହିବୁଲିଲ
ମୋ ଅପାରଗତାକୁ, ମୁଁ କୁଆଡ଼େ
ଶୂନ୍ୟରୁ ତୋଳୁଛି ମନ, କାଠ ପଥର ସବୁକୁ
ଚିପୁଡ଼ି ବାହାର କରୁଛି ସୋମରସ
ଧିମା ଆଞ୍ଚରେ ସେକି ପାରୁଛି ଅନ୍ଧକାର
ନିଜେ ଜଳୁଛି କମ୍, ଜଳାଉଛି ବେଶୀ।
ମନରେ ଉଦ୍‌ବେଳିତ କୋହ ସବୁକୁ
ଘପିଦେଇ ପାରୁଛି କୃତ୍ରିମ ହସ ସବୁ ହସି।।

ତମର ନିଜର ବୋଲି କେହି ନାହିଁ
ଆଗକୁ କି ପଛକୁ, ତମେ ଖାଲି ତମର
ସମ୍ପର୍କର ହାତ ଦି'ଟାକୁ କାଟିଦେଇଛ କେବେଠୁ
ଯଦି ବା କେହି ହାତ ବଢ଼େଇଲା, ସମସ୍ୟା
ସବୁକୁ ଟେକି ଦେଉଛ ତା' ହାତକୁ
ସମାଧାନର ସୂତ୍ର ସବୁକୁ ସମସ୍ୟା ଆଖିରୁ
ଲୁଚେଇ ରଖିଛ, ଏକୁଟିଆ କେତେ ବା ଚାଲିବ।
ଯେତେ ସବୁ ସମ୍ଭବ ହୋଇଥା'ନ୍ତା
ଆସ୍ତେ ଆସ୍ତେ ହେବେ ଅସମ୍ଭବ।।

ଏବେ ବି ସମୟ ଅଛି
ଠିକ୍ ବେଳାରେ ସୁଧୁରିଯାଅ
ମନରେ ବିଳପି ଉଠୁଥିବା କିନ୍ତୁ ଓ
ଅଶାନ୍ତି ସବୁକୁ ପାରୁଛ ଯଦି
ସମୟର ଶାନ୍ତ ସମୁଦ୍ରରେ ଭସେଇଦିଅ।।

ଅବଶିଷ୍ଟ ମୁହୂର୍ତ୍ତ

ମୋ କାନ୍ଧକୁ ଆଉଜି ପଡ଼ିଥିବା
ତୁମ ଅନ୍ତଃକରଣରେ ଥିବା ସମସ୍ତ
ଜଞ୍ଜାଳକୁ ସାରାଜୀବନ ବୋହି ବୋହି
ଅବଶ ହେଲେଣି। ଖାଲି ମନରେ ସାହସ
ବାହୁରେ ବଳ ଓ ପ୍ରବଳ ଇଚ୍ଛା ଶକ୍ତିରେ
ଗଡ଼ିଚାଲିଛି ସମୟ, ଆହା ପଦେ
କାହାଠାରୁ ଏମିତିକି ତୁମଠାରୁ ବି
ଶୁଣିନି ଏ ଯାଏ, ବେଳେବେଳେ ଉଦାସ ଲାଗୁଛି।
ରାତି ପାହିଗଲେ ଜହ୍ନ ମଳିନ ଦିଶିବା
ସଙ୍ଗେ ସଙ୍ଗେ ବୟସ ବି ମଳିନ ଦିଶୁଛି।।

ଏକାନ୍ତରେ ଯେବେ ଭାବିବସେ
ଅତୀତର ଇତିହାସ, ତୁମେ ନୂଆକରି
ଏ ଘରକୁ ଆସିଥିଲା ବେଳେ
ଦରଫୁଟା କଇଁଫୁଲ କେତୋଟି
ଫୁଟିଗଲେ ତୁମେ ପାଦ ଦେଉଦେଉ
ଆକାଶକୁ ଆଶ୍ରାକରି ବଞ୍ଚିଥିବା
ତାରା ସବୁ ହଠାତ୍ ଉଜ୍ୱଳ ଦିଶିଲେ
ପତ୍ରଝଡ଼ା ଗଛ ସବୁର ପତ୍ର କଅଁଳିଲେ।
ଓ ବାଟ ଭାଙ୍ଗି ଚାଲିଯାଉଥିବା ବିଶ୍ୱାସ ସବୁ
ଆଗକୁ ନବଢ଼ି ପୁଣି ମୋ ପାଖକୁ ଫେରିଆସୁଥିଲେ।।

ପରେ ପରେ ପ୍ରତିଟି ପାହାଚରେ
ଜଳଜଳ ଦିଶୁଥିଲା ତୁମ ପାଦଚିହ୍ନ
ଛାଇପରି ଜଗିଥିଲ ମୋତେ
ନିବିଡ଼ରୁ ନିବିଡ଼ତର ହେଉଥିଲା
ତୁମ ମୋ ଭିତର ସମ୍ପର୍କ
ମୋର ପ୍ରତିଟି ସ୍ନାୟୁରେ ଦିଶୁଥିଲା
ତୁମ ରକ୍ତ କଣିକାର ଦାଗ।
ଯୁଆଡ଼େ ଚାହିଁଲେ ଖାଲି
ତୁମ ସ୍ନେହ ତୁମ ଅନୁରାଗ॥

ମତୁଆଲା ମହୁମାଛି ପରି ମନମୋର
ଘୁରି ବୁଲୁଥିଲା ଅସ୍ଥିର ଆକାଶ
ଜୀବନକୁ ନଜର ବନ୍ଦୀରେ ରଖିଥିବା
ମୋ ଆୟୁଷର ଶତଭାଗ ତୁମେ
ଲୁଚାଇ ରଖିଥିଲ ସବୁକୁ ପଛ କରିଦେଇ।
ମୋତେ ସବୁବେଳେ କହୁଥିଲ
ରାଣଦେଇ ତୁମ ଆଗରୁ ମୁଁ
ସଂସାରରୁ କେବେ ଚାଲିଯିବି ନାହିଁ॥

ତୁମ କଥା ସତ ହେବାକୁ ଦେବିନି ମୁଁ
ଅବଶିଷ୍ଟ ମୁହୂର୍ତ୍ତ ସବୁକୁ ଅଧାକରିଦେବି
ଅଧାମୋର ଓ ବାକି ଅଧଟା ତୁମର
ଏକାବେଳେ ଯିବା ଏଠୁ ଯଦିଓ ନୁହଁଇ ସମ୍ଭବ
ଏବେଠୁ ଡାକ ଈଶ୍ୱରଙ୍କୁ
ଜଣେ ଗଲେ ଆଉ ଜଣେ ତା' ପଛେ ପଛେ ଯିବ।

ବାଟ ଅସରନ୍ତି

ତୁମେ ତ ଏପର୍ଯ୍ୟନ୍ତ କହୁଛ ଓ
ମୁଁ ଶୁଣୁଛି ସବୁ ମନଦେଇ
ଭରସାର ନଈ ଭିତରେ ତୁମେ
ହଜିଯାଇଥିବା ଏକ ହୁଲି ଡଙ୍ଗା
ବହୁଦିନ ପରେ ଆସି କୂଳରେ ଲାଗିଛ।
ମୋ ଦେହକୁ ଦହନ କରି ଚାଲିଥିବା
ତୁମର ସେ ଅପହଞ୍ଚ ଅବିଶ୍ୱାସ ସବୁ
ମୋ ଦେହରେ କାହିଁ ଗୁଡ଼ାଇ ଦେଇଛ॥

ମୁଁ କିଛି କହିବାକୁ ଆରମ୍ଭ
କଲାବେଳକୁ ଗାଇ ଚାଲିଛ
ମୋ କଲା କର୍ମର ଗୁଣ ସବୁ
ଆକାଶେ ମେଘକୁ ଧରି ମୁଁ କେମିତି
ଗର୍ଜନ କରୁଥିଲି, ରାତିଏ ସ୍ୱପ୍ନକୁ ନେଇ
ମୁଁ କେମିତି ଉନ୍ମାଦ ହେଉଥିଲି
ପୁରୁଷେ ପାଣିର ପଟାଳି ଭିତରେ ମୁଁ
କେମିତି ଖୋଜୁଥିଲି ତୁମ ଉପସ୍ଥିତି।

ଓ ଆଖିଏ ଲୁହରେ ତୁମେ
କେମିତି ଘଟେଇ ଦେଉଥିଲ
ଏ ସବୁର ପରିସମାପ୍ତି॥

ତୁମ ସବୁ ଦୋଷର ମାଫ୍ ଅଛି
ମୋ ବ୍ୟକ୍ତିତ୍ୱର ଅବକ୍ଷୟ ପାଇଁ
ତୁମକୁ ଦାୟୀ କଲାବେଳକୁ ତୁମେ
ହଁ, ନାହିଁରେ ଉତ୍ତର ଦେଉଛ।
ଫୁଲା ଫୁଲା ପ୍ରଳାପ ଭିତରେ ତୁମେ
କେଡ଼େ ସହଜରେ ଆଡ଼େଇ ଯାଉଛ॥

ବାଟ ତ ସରିନି ଏ ଯାଏ
ଆଉ କେତେ ବାକୀ ଅଛି
ଜଣାନାହିଁ ଆମ କାହାକୁ ବି।
ମୁଁ ଥିଲେ ତୁମେ ଏଠି ନାହଁ
କି ତୁମେ ଥିଲେ ମୁଁ
ଆଉ ଏଠାରେ ନଥିବି॥

ଜହ୍ନର ଠିକଣା

ଖୋଜିବାରେ ଥାଏ ବ୍ୟସ୍ତତା
ହଜିବାରେ ଥାଏ ଆନନ୍ଦ
ଖୋଜୁଖୋଜୁ ପହଞ୍ଚିଗଲେ
ଅପହଞ୍ଚ ଜାଗାରେ, ଅବସୋସ ମେଣ୍ଟେ
ଅପେକ୍ଷାର ଅନ୍ତ ଘଟେ
ସାଇତା ସ୍ୱପ୍ନ ସବୁ ସାକାର ହୁଏ।
ନିଶ୍ଚିହ୍ନତାର ନର୍କ ବେଦୀପରେ
ସମ୍ପର୍କର ସୌଧ ତୋଳାହୋଇଯାଏ।।

ପ୍ରକୃତିକୁ ପରଖି ବସିଲେ
ପରିବେଶ ମନ ମାରି ବସେ
କିବା କଥାରେ ବଦଳିଯାଏ ଋତୁ
ମ୍ରିୟମାଣ ହୋଇଉଠେ ନିଃଶବ୍ଦ ନିରବତା
ଅନ୍ଧାର ଭିତରୁ ଦେଖାଦିଏ ଜହ୍ନ
ଖୋଜିବା ଖୋଜିବା ଆଖିରେ ଅନେଇଥାଏ।
ରାତି କାହିଁ କେତେବେଳୁ ବ୍ୟସ୍ତ ହେଉଥାଏ
ଜହ୍ନକୁ ନଦେଖିବା ପାଏ।।

ଜହ୍ନ ହସେ ଖୋଲା ହସ
ତିଥିବାର ଦେଖି, ଦର୍ପଣ ଆଗରେ
ଝଲସି ଉଠେ ତା' ମୁହଁ
ବହଳେ ନିଦରେ ଆଖି ମାଡ଼ି ମାଡ଼ି
ପଡ଼ିଲେ ବି ବୁଜି ହୁଏ ନାହିଁ।
ଜହ୍ନ ଆସେ ଜହ୍ନ ଲୁଚେ
ଆକାଶର ଅଗଣାରେ
ତା' ଇଚ୍ଛା ଅନୁଯାୟୀ॥

ରାତିର ବୟସ ବଢ଼ିବା ସାଙ୍ଗେ
ତାଳଦେଇ ଚଲେ ଜହ୍ନ
ମେଘର ଫାଙ୍କରେ ହେଉ
କି ପାହାଡ଼ ସେକଡ଼େ
ଗଛ ଉହାଡ଼ରେ କି
ନଦୀର ଜଳରେ, ସବୁଠି
ସେ ଖେଳବୁଲ କରେ।
ନିତି ଦେଖାଦେଇ ପୁଣି ଲୁଚିଯାଏ
ଜୀବନ ଓ ମୃତ୍ୟୁର ଲମ୍ବା ସଡ଼କରେ॥

ପଶ୍ଚାତାପ

ତୁମେ ଏଠାକୁ ଆସିବା
ବା ନଆସିବା ମୋ ହାତରେ ନଥିଲା
ମୁଁ ଜାଣିଲା ବେଳକୁ ସବୁକିଛି
ଘଟିସାରିଥିଲା, ଖାଲି ଯାହା
ସମ୍ପର୍କର ସୂତା ଖିଅରେ
ବାନ୍ଧିବାକୁ ଥିଲା କିଛି
ଆବେଗ ଓ ଉତ୍କଣ୍ଠାପୂର୍ଣ୍ଣ
ମୁହୂର୍ତ୍ତ ସବୁଙ୍କୁ।
ନୂଆକରି ଦେଖୁଥିବା
ସ୍ୱପ୍ନ ମାନଙ୍କୁ ନେଇ
ଘର ଗଢ଼ିବାକୁ।।

ତୁମେ ଏଠି ପାଦ ଦେବା ଦିନଠୁ
ମୁଁ ତ ଝିଅ ବୋଲି ଧରିନେଇଥିଲି
ହେଲେ ମୋର ଶତ ଚେଷ୍ଟା ସତ୍ତ୍ୱେ
ତମର ମାଆ ହେଇ ପାରିଲିନି
କ'ଣ ଭାବି ମୋତେ ଖାତିର୍ କଲନି
ହଁ କାହିଁକି ବା କରିଥାନ୍ତ
ମୋ ଆଖି ଆଗରେ ମୋ ପୃଥିବୀଟା

ଚିରୁଡ଼ା ଚିରୁଡ଼ା ହୋଇ ଫାଟିଗଲା
କଲ୍‌ବଲ୍ ହେଉଥିବା ମୋ ଆତ୍ମବିଶ୍ୱାସ
ଭରସାର ଭଙ୍ଗାକାନ୍ଥ ତଳେ ଚାପିହୋଇଗଲା ।
ବଞ୍ଚିବାର ରାହାଟିକେ ଖୋଜୁଥିଲି ଯାହାଠୁ
ଶେଷରେ ସିଏ ବି ଏ ଅବେଳରେ
ଛାଡ଼ି ଚାଲିଗଲା ।।

ତୁମେ ଅଡ଼ିବସିଲ ଏଠୁ ମୋ ଚାଲି ଯିବା ପାଇଁ
ମୋ ପାଖେ ଆଉ ବିକଳ୍ପ ନଥିଲା
ଗଲାବେଳେ ନିନ୍ଦୁଥିଲି ଭାଗ୍ୟକୁ
ପଦେ କଥାରେ ଛାଡ଼ିଥିଲି ଘର
ବୁଝେଇ ଦେଇଥିଲି ଅସ୍ଥିର ମନକୁ
କାଳେ ଡାକିବ ପଛରୁ ବୋଲି
ଚାଲୁଥିଲି ଚାଲିକି ମୋ ଧୀର କରିଦେଇ ।
ଡାକିବ କ'ଣ, ତୁମେ ଚାହୁଁଥିଲ ଯାହା
ତାହା ତ ଘଟିଲା, ଚାଲିଗଲି ତୁମଠାରୁ
କାଳ କାଳ ପାଇଁ ।।

ଆଉ ତ ମୁଁ ଫେରିବିନି
ଏଠି ବଞ୍ଚିବାଟା ନିରର୍ଥକ ମନେହୁଏ ।
ବିଳପି ଉଠେ ଅନ୍ତରାତ୍ମା ମୋର
ଏତିକି ଅନୁରୋଧ ଆସିବନି
ତୁମେ କେବେ ମୋ ପାଖକୁ
ମୁଁ ନ ମରିବା ଯାଏଁ ।।

ପାହି ଆସୁଥିବା ରାତି

ରାତି ପାହିବ ପାହିବ ହେଉଛି
କେତେବେଳୁ, ହେଲେ ପାହୁନି
ସକାଳ ଗୋଡ଼କାଢ଼ି ବସିଛି
କେତେବେଳୁ, ହେଲେ ଆସୁନି
ରାତିରେ ଘଟିଯାଉଛି ଅନେକ ଅଘଟଣ
ଘଟଣା ଭିତରେ ଦେଖାଯାଉଛି
କେତେକେତେ ସ୍ୱପ୍ନ ଓ ସମ୍ଭାବନା
ମେଣ୍ଟିଯାଉଛି କେତେ କେତେ ଶୋଷ
ଓ ଅବସୋସ, ପର ଓ ଆପଣା ଭିତରେ ଥିବା
ଦୁର୍ଭେଦ୍ୟ ପାଚେରୀ ଭୁଷୁଡ଼ି ପଡୁଛି ।
ଜହ୍ନ ଆଖିରୁ ବୋହୁଛି ଲୁହ
ତଥାପି ସେ ଜହ୍ନକୁ ବଞ୍ଚେଇ ରଖିଛି ।।

ଭୋକରେ ଶୋଇଯାଇଛି ରାତି
କାହିଁ କେତେବେଳୁ, ଆଖିରେ
ଘୋଟିଯାଇଛି ଅନ୍ଧକାରର

ନାହିଁ ନଥିବା ନିଦ
ଅଧରାତିର ବିଳାପ ଭିତରେ
କିଏ କାହାକୁ ଦଂଶିବାର ଶବ୍ଦ
ଶୁଣାଯାଉଛି ବାରମ୍ବାର
କିଏ କହୁଛି ସିଏ ଭାବର।
ପୁଣି କେହି କେହି କହୁଛନ୍ତି
ସିଏ ଛାତି ତଳେ ଜମାଟ
ବାନ୍ଧିଥିବା ସ୍ନେହ ଓ ଭୟର॥

ରାତି ଭିତରର ତାତି
ପ୍ରଖରରୁ ପ୍ରଖରତର ହେଉଛି
ମାତିଯାଉଛି ମତୁଆଲା ମନ
ଘଟଣା ସବୁ ପାଗ ଭିଡୁଛନ୍ତି
ଖବର ପାଲଟି ଯିବା ପାଇଁ।
ସମୟର ଶକ୍ତ ପଞ୍ଝାରୁ ମୁକୁଳି
ଆସିଥିବା ଅଲୋଡ଼ା ଆକାଶଟି
ଖସିପଡୁଛି ଖଣ୍ଡ ଖଣ୍ଡ ହୋଇ॥

ରାତି ତ ପାହିଯିବ ଓ
ସକାଳ ହେବ ନିଶ୍ଚୟ।
ସ୍ୱପ୍ନ ଦେଖା ସରିଯିବ
ଓ ଜୀବନଟା ହେବ ସମ୍ଭାବନାମୟ॥

ଶବ୍ଦ

ତୁମେ ଶବ୍ଦରେ ଫୁଟାଉଛ କମାଣ
ମୁଁ ନିଃଶବ୍ଦରେ ଖୋଜୁଛି ନିରବତା
ଶବ୍ଦ ସବୁ ଘେରିଗଲେ ଅଗ୍ନୀ ବର୍ଷୁଛି
ନିଃଶବ୍ଦରେ ମଉଳି ଯାଉଛନ୍ତି
ମନର ଉତ୍କଣ୍ଠା, ଆବେଗ, ଅନୁରକ୍ତି, ତିକ୍ତତା ଓ ବିଷର୍ଣ୍ଣତା
ଶବ୍ଦରେ ବ୍ୟାପୁଛି ନଗ୍ନତା ଓ
ନିଃଶବ୍ଦରେ ଗଢ଼ା ହେଉଛି ଶବ୍ଦର ସମୁଦ୍ର
ସାତତାଳ ପାଣିର ପଟାଳି ଓ
ତା' ଭିତରେ ଅନେକ ବିଭୋର ମନର
ରହସ୍ୟ, ଓଦାଓଦା ଆକ୍ଷିପତା
ନଇଁ ଆସିଥିବା ଆକାଶ ଓ
କଥା କହୁ ନ ଥିବା ସକାଳ
ସୂର୍ଯ୍ୟ ଲାଜେଇ ଯାଉଛନ୍ତି
ଆଲୋକ ଦେବାକୁ, କେତେ
ହର୍ଷ ଓ ବିଷାଦ ଭିତରେ
ବିତୁଛି ଏ ଜୀବନ, ଯେତେ
ପାଇଲେ କି ଯେତେ ଗହିଁଲେ ବି
ଏ ଜୀବନ ହେଉନି ପରିପୂର୍ଣ୍ଣ ।।

ତୁମ ଆଖିରେ ଆଖିଏ ସ୍ୱପ୍ନ
ବାସ୍ତବତାର ରୂପ ନେଉନେଉ

ଲୁଚି ଯାଉଛନ୍ତି ଅନେକ ଆଶା
ଓ ଭରସା, ଦୁନିଆ ଦିଶୁଛି କେତେ
ମଳିନ, ବିଭତ୍ସ, କଦର୍ଯ୍ୟ ଓ କଦାକାର
ରଙ୍ଗାଦେଇ ଉପରକୁ ଉଠୁଥିବା
ଅଭିମାନର ଲତା ସବୁ ନଇଁପଡିଛନ୍ତି
ତଳକୁ, ଡଙ୍କ ସବୁ ମୋଡ଼ି ହୋଇଗଲାଣି
ଫଳ ଧରିବାକୁ ଯୁ' ନାହିଁ।
ଅଣ୍ଟା ସଳଖି ଠିଆ ହେଲା ବେଳକୁ
ପଛରୁ କିଏ ଆସି ଜବର ଧକ୍କାଟିଏ
ଦେଉଛି, ଗୋଟିଏ ଜାଗାରେ ପଡ଼ିରହିଛି
ସେମିତି ହତୋତ୍ସାହ ହୋଇ॥

ବୁଝାଇବାକୁ ଚେଷ୍ଟାକଲେ ବି ବୁଝୁନ
ଏକାଜିଦ୍ ଧରିଛ କେମିତି ସବୁ
ଅକ୍ତିଆର କରିବ ଗୋଟିଏ ଦିନରେ
କ'ଣ ବା ଲାଭ ପାଇବ କୁହୁଳୁଥିବା
ନିଆଁକୁ ଘିଅଢ଼ାଳି ପୁନର୍ଜୀବିତ କରି।
ଏତେ ଦିନର ସବୁ ସ୍ୱପ୍ନଙ୍କୁ
ଜାଣିଜାଣି ନିଜ ହାତରେ ଦଳିଦେଲା ପରି॥

ଏବେ ବି ବେଳ ଅଛି, ଶବ୍ଦ ଗୁଡ଼ାକୁ
ଲୁଚାଇ ରଖ ନିଜ ଭିତରେ
ପଦାକୁ ବାହାର କରନି
ନିଃଶବ୍ଦକୁ ଆପଣାଇ ନିଅ
ନିରବତାରେ ଆଗେଇ ଯାଅ।
ଅବାସ୍ତବତାର ରିକ୍ତ ହସ୍ତକୁ
ବାସ୍ତବତାରେ ପୂର୍ଣ୍ଣ କରିଦିଅ॥

କିଛି ଗୋଟେ ଘଟଣା ଘଟିବା ପୂର୍ବରୁ

କିଛି ଗୋଟେ ଘଟଣା ଘଟିବା ପୂର୍ବରୁ
କେଜାଣି କାହିଁକି ମନଟା
ଗୋଳେଇ ଘାଣ୍ଟି ହୁଏ, ଆଖି ଦି'ଟାରୁ
ଓହ୍ଲେଇ ଆସେ ନିରୁତା ଦୃଷ୍ଟି
କପାଳରୁ ଛିଡ଼ିପଡ଼େ ଭାଗ୍ୟ
ଭବିଷ୍ୟତ ଦେଖାଯାଏ ଅନିଶ୍ଚିତ
ନିହାତି ପୁରୁଣା ନହୋଇଥିଲେ
ସମ୍ଭାବନା ସବୁ ଅଣଦେଖା ହୁଅନ୍ତି ।
ଇଚ୍ଛାର ଲମ୍ବା ହାତରେ ପ୍ରାପ୍ତି ଓ ଅପ୍ରାପ୍ତିର
କାଗଜ ଡଙ୍ଗା ମାନ ଗଢ଼ି ହୋଇଯା'ନ୍ତି ।।

ମନକୁ ଆନ୍ଦୋଳିତ କରେ
ପୂର୍ଣ୍ଣତା ଓ ଶୂନ୍ୟତାର ପ୍ରକାର ଭେଦ
ରହିରହି ସ୍ୱପ୍ନ ଦେଖୁଥିବା ନିଃସଙ୍ଗତା
ପବନରେ ଉଡ଼ିଆସୁଥିବା କରଞ୍ଜ ଗଛର ଛାଇ

ଅନ୍ଧାରରେ ଖୋଜାପଡ଼ିଥିବା ଜହ୍ନର ଠିକଣା
ଡହଡହ ଖରାକୁ ଚାହିଁ ଜଳକା ହେଉଥିବା ଆଖି
ଭୟ ଓ ଆତଙ୍କରେ ଉପଦ୍ରବ କରୁଥିବା ଶତ୍ରୁ ସବୁ।
ଘଟଣାଟି ଘଟିଯାଏ ଅଲକ୍ଷ୍ୟରେ କେତେବେଳେ
ଏତେ ସବୁ କଥା ଭାବୁ ଭାବୁ॥

ଭରସା ତୁଟିଯାଏ ନିଜ ଉପରୁ
କିଛି ଗୋଟେ ଘଟିଗଲା ପରେ
ନଚାହିଁବା ଜିନିଷ ବି ଘଟିଯାଏ
କାନ୍ଧରୁ ପଇତା ଖସିବା ପରି
ପ୍ରାର୍ଥନା ବି ଖସିପଡ଼େ ଅସମ୍ଭାଳ ପବନରେ।
ବାଉଳା ହୋଇ ଈଶ୍ୱର ବାଟଭୁଲିଯା'ନ୍ତି
ତାଙ୍କ ଇଚ୍ଛା ଅନୁସାରେ॥

ପବନର ପାଚେରୀଟିଏ ଗଢ଼ି
ଘଟଣାଟିକୁ ରୋକିବା ନିରର୍ଥକ ମନେହୁଏ
କେତେ କେତେ ଅଘଟଣ ଆଖି ପିଛୁଳାକେ
ଘଟି ଚାଲିଥାଏ॥

ଚକ୍ରବ୍ୟୁହ

ଅହଙ୍କାରର ଚକ୍ରବ୍ୟୁହ ଭିତରେ
ମୁଁ ଦେଖିଛି ଅଭିମନ୍ୟୁର ଆତ୍ମଲିପି
ନିଜେ ବଧ କରିଛି ନିଜକୁ
ଯନ୍ତ୍ରଣାର ଜଉଘରେ ଛଟ୍‌ପଟ୍ ହେବା
ନିଜ ଆଖିରେ ଦେଖିଛି ।
ଅନ୍ଧାରର ଅଭଦ୍ରାମି ଭିତରେ
ମୁଁ ଖାଲି ଆଲୋକ ଖୋଜିଛି ।।

ମଥାରେ ମୁକୁଟ ଥାଇ
ମୁଁ ମୁଣ୍ଡେଇ ଶିଖିନି
ବାହୁରେ ବଳ ଥାଇ
ମୁଁ ଲଢ଼େଇ ଜିତିନି
ହାତରେ ହତିଆର୍ ଥାଇ
ଇପ୍‌ସିତ ଇଚ୍ଛାକୁ ମୋର ହାତେଇ ପାରିନି
ମୁଁ ହାରିଯାଇଥିବା ଅଭିମନ୍ୟୁ
ନିଜପାଇଁ ବଞ୍ଚି କି ଲାଭ ପାଇଛି
ଅଲକ୍ଷ୍ୟରେ ଅଲିଖିତ ଉପନ୍ୟାସଟିଏ
ପାଲଟି ଯାଇଛି ।।

ସେବାର ମନୋବୃତ୍ତି ନେଇ
ସେବା ମୁଁ କରିନି
ଶାନ୍ତିର କପୋତ ଉଡ଼ାଇ
ମୁଁ ଶାନ୍ତି ବି ପାଇନି
ସତ୍ୟର ଧ୍ୱଜା ଉଡ଼ାଇ
ମୁଁ ସାର୍ଥକତା ଆଣିନି
କଳାକର୍ମ ସବୁର ଦ୍ୱାହିଦେଇ
ମୁଁ ଇତିହାସ ହୋଇନି
ହାତରେ ରକ୍ଷାକବଚ ପିନ୍ଧି
ମୁଁ ଶରଣ ପଶିଛି ।
ଅନ୍ଧକାରର ଅରମା ଭିତରେ
ମୁଁ ବାଟବଣା ହୋଇଛି ।।

ତଥାପି ବଞ୍ଚିଛି ଏକ ଅଲୋଡ଼ା ଜୀବନ
ଏଭଳି ବଞ୍ଚିବାଟା ଜୀବନ ନୁହେଁ
ବରଂ ଏକ ଜୀବନ୍ତ ମରଣ ।।

ନିରୁତ୍ତର

ପଚାରି ପଚାରି ଥକିଗଲି
ପଛେ କିଛି ଉତ୍ତର ଦେଲନି
ତୁମ ଦପ୍ତର ଛାଡ଼ି ଫେରିଲା ବେଳକୁ
ନାହା ଟିଏ ଦେଖିଲି ନଦୀରେ
ନାଉରୀ କି ଆହୁଲା ନଥିଲା ସେଥିରେ
ଗଛଟିଏ ଦେଖିଲି ଯେ
ଫୁଲଫଳ କିଛି ନାହିଁ ତା'ଦେହରେ
ରାସ୍ତାସବୁ ପଡ଼ିଥିଲା ଆଗକୁ
ହେଲେ କେହି ଗୋଟେ ସିଧା ନଥିଲେ
କେତେ ଖାଲଖମା, ବଙ୍କାଟଙ୍କା
ଚାରିଆଡ଼େ ଶୁନଶାନ୍, ଛକ ପରେ ଛକ
ସତେ ଯେମିତି ଶୂନ୍ୟରେ ଝୁଲୁଛି ପୃଥିବୀ
ଯିଏ ଯାହା ପଚାରିଲେ
ମୁଁ ଦେଲିନି ଉତ୍ତର।
ଲାଗିଲା ସତେ ଯେମିତି ଦୁନିଆରେ
ମୋର କେହି ନାହାନ୍ତି ନିଜର॥

ନିରୁତ୍ତର ହେବାଟା କ'ଣ
ମନର ଅବ୍ୟବସ୍ଥା ! ଶୁଣିଥିଲି
ମନଖୋଲି କହିଦେଲେ ମନ

ହାଲୁକା ହୁଏ, ପଚରା ଯାଇଥିବା
ପ୍ରଶ୍ନର ଉତ୍ତର ନପାଇଲେ
ମନରେ ନିଆଁ ଲାଗିଯାଏ
ଏସବୁ ତୁମେ କ'ଣ ଜାଣିନ ?
ତୁମ କଥା ପଦକରେ
ଫିଟିଯାଇଥା'ନ୍ତା ବନ୍ଦଘରର କବାଟ
ସ୍ପଷ୍ଟ ଦିଶିଥାନ୍ତେ କପାଳର ଭାଗ୍ୟରେଖା
କିନ୍ତୁ ସେମିତି ହେଲାନି
ତୁମେ ଖାଲି ରହିଲ ନୀରବ ।
ଯେତେ ସମ୍ଭବ ସବୁ
ହେଲେ ଅସମ୍ଭବ ॥

ଅନୁତାପ ଅନଳରେ ମୁଁ ଜଳିଗଲି
ଯେବେ ଶୁଣିଲି ତୁମ ବିଷୟରେ
ତୁମଭଳି ସାଧାସିଧା ସରଳ ଲୋକ
କେହି ନାହାନ୍ତି ସଂସାରେ
ହେଲେ ମୁଁ ତୁମକୁ ସାକ୍ଷାତ
କରିବା ଦିନ ସକାଳେ ତୁମଘରେ
ଘଟିଥିଲା ଏକ ଅଘଟଣ ।
ପୁଅ ତୁମର ଆକସ୍ମିକ ଭାବେ
ଭେଟିଥିଲା ଅକାଳ ମରଣ ॥

କେତେ ଭୁଲ ବୁଝିଥିଲି ତୁମକୁ
ନିରୁତ୍ତର ହେବାର ଦେଖି
କ'ଣ ସବୁ ଭାବିଥିଲି ତୁମକୁ ନେଇ ।
ଲାଗୁଥିଲା ସତେଯେମିତି ପିଣ୍ଡରୁ
ମୋ ପ୍ରାଣକୁ କିଏ ନେଇଛି ଛଡ଼େଇ ॥

ଅଚିହ୍ନା ମାଆର ଠିକଣା

ମାଆ !
ତୁମେ ଯିବା ପରଠୁ
ମୁଁ ଦେଖିନି ସୂର୍ଯ୍ୟୋଦୟ
ଶୁଣିନି ପାହାଡ଼ର ସ୍ୱର
ମନେ ପକାଇ ପାରୁନି
ପୃଥିବୀରୁ ତୁମ ଯିବାବେଳ
ମାଟିର ବତୁରା ଗନ୍ଧ
ଫୁଲ ଫଳ ଭରା ଗଛ
ତିନିହାତ ଓସାରର ଆକାଶକୁ ବାଟ
ଜହ୍ନ ତୋଳିବାର ନିଶା
ଦେଖିନଥିବା ନଦୀର ଠିକଣା
ସବୁକିଛି ମୋ ପାଇଁ
ଅଲୋଡ଼ା ହୋଇଛି ।
ନୀରବରେ ଏତେ ସବୁ
ଭାବୁଭାବୁ କେତେବେଳେ
ତୁମପାଖେ ପହଞ୍ଚି ଯାଉଛି ।।

ମୁଁ କିଏ ନିଜେ
ଜାଣିବା ଆଗରୁ ତୁମେ ଚାଲିଗଲ
ଅତୀତ ମୋର ରହିଗଲା

ଅଚେତ ହୋଇ ସବୁଦିନ ପାଇଁ
ତୁମେ କରିଥିବା ପୁଣ୍ୟସବୁ ମୋତେ
ବାଟ ଦେଖାଇଲେ, ତୁମ କଲା କର୍ମମାନ
ମୋ ବାଟକୁ ସଳଖେଇ ଦେଲେ
ତୁମେ ଆସି ପହଞ୍ଚିଲ ମୋ ପାଖରେ
ଆଉ ଏକ ମାଆରୂପ ନେଇ।
ଧନ୍ୟ ତୁମେ ମାଆ, ଏବେ ବି
ବଞ୍ଚିଛ ମୋ ଭିତରେ ମୋ
ଜୀବନକୁ ଧନ୍ୟ କରି ଦେଇ॥

ତୁମେ ମୋର ସ୍ୱପ୍ନ ଥିଲ
ସମ୍ଭାବନା ହେଲ
ତୁମକୁ ମୁଁ ଆଶା କରିଥିଲି
ଭରସା ପାଇଲି
ତୁମେ ମୋର ବିଶ୍ୱାସ ଥିଲ
ଶାନ୍ତିରେ ଟିକେ ନିଶ୍ୱାସ ମାରିଲି।
ତୁମେ ଆସିଥିଲ ଶୂନ୍ୟରୁ
ଜୀବନରେ ପୂର୍ଣ୍ଣତା ପାଇଲି॥

ମାଆ! ତୁମେ ଯେଉଁଠି ଥିଲେ ବି
ମୋ ପାଖେ ପାଖେ ଅଛ।
ସଫଳତାର ଶୀର୍ଷକୁ
ନଛୁଇଁ ପାରିଲେ
ତୁମେ ତାକୁ ତଳକୁ
ନୁଆଁଇ ଦେଉଛ॥

ଭିଡ଼ ଭିତରେ କବିଟିଏ

ଘରିଆଡ଼େ ଶବ୍ଦଙ୍କର ଭିଡ଼
ନିଃଶ୍ୱାସଟିଏ ମାରିବାକୁ ଶାନ୍ତିରେ
ସମୟ ନାହିଁ କବିଟିର
ହାତରେ ତା'ର ଅନେକ ଭାବନା ଓ ଚେତନାର
ଅଧାଲେଖା ଦଲିଲ୍ ଓ ଦସ୍ତାବିଜ୍
ଶିଖିଛି ସେ ଶବ୍ଦଗୁଡ଼ାକୁ କେମିତି
ପାରାଭଳି ଉଡ଼େଇଦେଇ ହୁଏ, କେମିତି
ସେଥିରେ ସମୁଦ୍ରଟିଏ ଗଢ଼ିହୋଇଯାଏ ଓ
କେମିତି ପାଣି ଓ ପବନ ନଥିବା ଝଡ଼
ନୀରବରେ ସୃଷ୍ଟି କରିହୁଏ ।।

କବି ଖୋଜେ ଆତ୍ମୀୟତା
ଆତ୍ମବିଶ୍ୱାସର ନିର୍ଝରଟିଏ

ବହିଯାଏ ତା'ର ଶିରା ପ୍ରଶିରାରେ
ଦଗ୍ଧ ପ୍ରାଣରେ ଲେସି ହୋଇଯାଏ
ଶୀତଳତାର ମଧୁର ପ୍ରଲେପ
ଶବ୍ଦ ସବୁ ଭିଡ଼ ଜମାନ୍ତି
ତା' ଚତୁଃପାର୍ଶ୍ୱରେ।
କବିତାର ପଂକ୍ତି ସବୁ ଲେଖା ହୋଇଯାଏ
ତା'ର ଦୀର୍ଘନିଃଶ୍ୱାସରେ।।

କବିକୁ ଆତ୍ମ ବିଭୋର କରେ
ତା'ର ସୃଷ୍ଟି, ସୁଖ, ଶାନ୍ତି ଓ ଆନନ୍ଦ
ଭିତରେ ସିଏ ହଜିଯାଏ, ତା' କଲମ
ମୂନରେ ଧରାପଡ଼େ ମେଘଭର୍ତ୍ତି ଅସ୍ଥିର ଆକାଶ,
କଥାକହୁ ନଥିବା ସକାଳ, ପାଟି ପଡ଼ିଯାଇଥିବା ପାହାଡ଼
ଗଛ ବୃକ୍ଷ ଭରା ଘଞ୍ଚ ଜଙ୍ଗଲ, ଦଳଦଳ ନୀରିହ
ପଶୁପକ୍ଷୀ, ବିଶାଳ ସାଗର ଓ ବ୍ୟସ୍ତ ବିବ୍ରତ
ସ୍ୱାର୍ଥପର ଚଳଚଞ୍ଚଳ ମଣିଷ ସମାଜ
ଏସବୁ ଭିତରେ କବି ମୁଣ୍ଡଟେକି ଚାଲେନି, ନଇଁଯାଏ।
ସିଏ ବି କେବେ କାହାଠାରୁ କିଛି ନିଏନି
ବରଂ ସାରା ଜୀବନ ଦେଇ ଚାଲିଥାଏ।।

ଉପରକୁ ଯେତେ କଠୋର ଦେଖାଗଲେ ବି
କବି ପ୍ରାଣ ଫୁଲ ପରି ଶାନ୍ତ ଓ କୋମଳ।
କବିର ପାର୍ଥିବ ଶରୀର ଚାଲିଗଲେ ବି
ତା' ସୃଷ୍ଟି ଭିତରେ ସିଏ ବଞ୍ଚି ରହେ କାଳକାଳ।।

ପ୍ରହେଳିକା

କିଏ କହେ ଜୀବନଟା
ଏକ ଜେଲ୍ ଖାନା
କିଏ ଦେଖେ ଶ୍ରଦ୍ଧା
ଭିତରେ ସମ୍ପର୍କର ଡୋର
କିଏ ଚିହ୍ନେ ବିବେକହୀନ
ବ୍ୟକ୍ତିତ୍ୱର ବିକ୍ଷର୍ଣ୍ଣ ବଳୟ
କିଏ ବତାଏ ଈଶ୍ୱରମାନଙ୍କୁ
ବାଟ ଚଳେଇବାର ରାସ୍ତା
ସମସ୍ତେ ଜଣେଜଣେ ପାଗଳ
ମୁହଁ ଶୁଖେଇ ଠିଆ ହୋଇଛନ୍ତି
ମରୁଭୂମିର ଓଟ ଭଳି।
ପ୍ରାର୍ଥନା ମୁଦ୍ରାରେ ବସିଛନ୍ତି
ଘଣ୍ଟାଘଣ୍ଟା ସମୟର ବାଲୁକା ଶଯ୍ୟାରେ
ବାଲିଝଡ଼ ପରି॥

ଆଖି ମୁଦି ହୋଇ ଆସୁଛି
ଝର୍କା ସେପାଖେ ବର୍ଷା ଟୋପାର
ରୁଣୁଝୁଣୁ ଶବ୍ଦ ଶୁଣି
ହେମାଳ ଲାଗୁଛି ଦେହ

କାହାର ତାଗିଦ୍‌ରେ
ବଞ୍ଚିବାର ମାନଚିତ୍ର ବଦଳି
ଯାଉଛି ବାରମ୍ବାର, ଜହ୍ନ
ପୋଛି ହୋଇ ଯାଉଛି ଆକାଶରୁ
କରିଦେଇ ଚତୁର୍ଦ୍ଦିଗ ଗାଢ଼ ଅନ୍ଧକାର ।।

ଶୋଷରେ ତଣ୍ଟି ଶୁଖିଯାଉଛି
ଜଳାଶୟଟି ଦିଶୁଛି ଆଗରେ
ହେଲେ ସେଥିରେ ଟୋପାଏ ବି ପାଣି ନାହିଁ
ପବନ ଟିକିଏ ବାଜୁଛି ଦେହରେ ହେଲେ
କ'ଣ ହେବ ଶୀତଳତା ନାହିଁ ସେଥିରେ
ବନ୍ଧୁ ଜଣେ ଠିଆ ହେଇଛନ୍ତି ପାଖରେ
ହେଲେ ବନ୍ଧୁତାର ଚିହ୍ନବର୍ଣ୍ଣ ନାହିଁ
ଶବ୍ଦସବୁ ବେଢ଼ିଛନ୍ତି କବିଟିକୁ
ହେଲେ କବିଟିର ହାତ ଖାଲି
ଲୁଚିଯାଉଛନ୍ତି ଯିଏ ଯେଝା ବାଟରେ
ବାଷ୍ପରୁଦ୍ଧ ହୋଇ ।।

ନିରବ ନିଶ୍ଚଳ ମନରେ
ଅନୁରଣିତ ହେଉଛି ଓଁକାର
ଧ୍ୱନିର ପବିତ୍ର ପ୍ରାର୍ଥନା ।
ହେ ଈଶ୍ୱର ! ଶକ୍ତିଦିଅ ବଞ୍ଚିବାକୁ ଏଠି
ଯୁଆଡ଼େ ଦେଖୁଛି ସେଠି
କୃତ୍ରିମତାର ଶତ ପ୍ରବଞ୍ଚନା ।।

ସମ୍ପର୍କର ପରିଭାଷା

ଏବେବି ମୋର ମନେ ଅଛି
ଯେବେ ମୁଁ ଆସିଥିଲି ଏ ଘରକୁ
ନୂଆହୋଇ, ଅତୀତ ଥିଲା
ଏକ ନିର୍ଯ୍ୟାତିତ ସମୟର ସ୍ୱର
ମୁଣ୍ଡ ଉପରେ ଛିଡିପଡୁଥିଲା ଆହତ ଆକାଶ
ଆଖି ଆଗରେ ଘଟି ଯାଉଥିଲା
ଛୋଟ ବଡ଼ ଅନେକ ଦୁର୍ଘଟଣା
ସମ୍ପର୍କର ସରୁ ଲତାଟିକୁ ମଡ଼ାଇଥିଲି
ରଂଜା ସବୁ ଦେଇ, ହେଲେ ମୋ
ଅଲକ୍ଷ୍ୟରେ କିଏ ତାକୁ ଦେଉଥିଲା ମୋଡ଼ି।
ଏସବୁ ସତ୍ତ୍ୱେ ଆଶ୍ଚର୍ଯ୍ୟ ଲାଗୁଛି
ମୁଁ ଏତେବାଟ ଆସିଲି କିପରି॥

କେତେ ସବୁ ଅନୁଭୂତି ଏବେବି
ଆଲୋଡ଼ନ ସୃଷ୍ଟି କରେ
ଅଭୁଲା ସ୍ମୃତିର ଆରିସିରେ
ଜଳଜଳ ଦିଶେ ଜୀବନର ଜଳଛବି
ବଦଳିଯାଏ ସମ୍ପର୍କର ପରିଭାଷା।

ପ୍ରତିକୂଳ ପରିସ୍ଥିତିର ବୁକାବିଲା କରୁକରୁ
କେତେବେଳେ ମୁଁ ହୁଏ ଲୋକହସା ।।

ଯେତେ ଚାହିଁଥିଲି କର୍ତ୍ତବ୍ୟ ସବୁକୁ
ମୋର ତୁଲାଇବି ନିସର୍ଗ ଭାବରେ
ଘରକୁ କରିବି ସ୍ୱର୍ଗପୁରୀ
ବନ୍ଧୁମୟ କରିଦେବି ମୋ ଚାରି କଡ଼ର
ବିଶ୍ୱବ୍ରହ୍ମାଣ୍ଡ, ସବୁଥିରେ ଦାଉ ସାଧିଲା
ନଜର ବନ୍ଦୀରେ କିଏ ରଖିଦେଇଥିବା
ମୋ ଭାଗ୍ୟ ଓ ଭବିଷ୍ୟ
ଅଣ୍ଟା ସଳଖି ଠିଆ ହେଲା ବେଳକୁ
ପଛରୁ କିଏ ଧକ୍କାଟିଏ ଦେଲା
ଓ ମୁଁ ତଳେ ପଡ଼ିଗଲି ।
ଆପଣାର ଦିଶୁଥିବା ଲୋକଟି ପାଖରେ
ମୁଁ ପର ହୋଇଗଲି ।।

ସମୟ ସହ ତାଳ ଦେଇ
ଆଗକୁ ଚାଲିଲି ହେଲେ ପାରିଲିନି
ବନ୍ଧୁତାର ହାତ ବଢ଼ାଇଲି
ହେଲେ କାହା ହାତ ଧରି ପାରିଲିନି
ଯାହା ସହିତ ଏତେଦିନ ଘର କରିଥିଲି
ସିଏ ବି ଆଡ଼ ଆଖିରେ ଦେଖିଲା ।
ବଳକା ଜୀବନ ତା' ସାଙ୍ଗେ ଜିଇଁବାକୁ ଚେଷ୍ଟା କରିଥିଲି
ହେଲେ ସିଏ ମୋ ବିଶ୍ୱାସରେ ବିଷ ଭରିଦେଲା ।।

କପାଳ

କାହା କପାଳରେ କ'ଣ
ଲେଖା ଅଛି କିଏ ବା ଜାଣିବ
ସୁଖର ସନ୍ଧାନରେ ବୁଲୁ ବୁଲୁ
କେତେବେଳେ ଯେ ଦୁଃଖ ମିଳିଯିବ
ଅସହାୟ ମଣିଷଟି ସଂସାର
ମାୟାରେ ନିଜର ଅସ୍ତିତ୍ୱ ବି
ଭୁଲିଯାଏ ବେଳେବେଳେ ।
ଯାହାସବୁ କରେ ସେସବୁ
ନଥାଏ ତା'ର ନିଜ ଆୟତ୍ତରେ ।।

କିଛି ସ୍ୱପ୍ନ ମନେରହେ
ପୁଣି କିଛି ଭୁଲିହୋଇଯାଏ
କିଛି କିଛି ସମ୍ଭାବନା ବାସ୍ତବରୂପ ନିଏ
ପୁଣି କିଛି ଭୁଲ୍ ହୋଇଯାଏ
କିଛି ଗପ ଲେଖାହୁଏ ଜୀବନକୁ
ନେଇ ତ ପୁଣି କିଛି ଲେଖାଯାଏ
ପ୍ରେମ ଓ ପ୍ରଣୟକୁ ନେଇ। ଯାହାସବୁ
ଘଟେ ସେ ସବୁ ତ ଲେଖାଥାଏ କପାଳରେ ।
ଭଲପାଇ ଭୁଲିଯିବା କିଛି ନୂଆକଥା ନୁହେଁ
ବରଂ ସେ ସବୁ ଅନ୍ୟ
କା'ର ନିର୍ଦ୍ଦେଶାନୁସାରେ ।।

କର, କପାଳ ଓ କୋଷ୍ଠି ସବୁକିଛି
ନିୟନ୍ତ୍ରଣ କରେ, ଆଖିର ଝରକା
ଖୋଲିଯାଏ, ହୃଦୟ ଦରଜା ବାଟେ
ପଶିଆସେ ମେଞ୍ଚାଏ କାଲୁଆ ପବନ
ରାସ୍ତାରେ ଭେଟ ହୁଅନ୍ତି କାହିଁ କେତେ
ଜଣାଶୁଣା, ଅଜଣା ଅଶୁଣା
ସମୟର ଧରାବନ୍ଧା ରୁଟିନ୍ ଭିତରେ
କେତେ ରାତି ପାହିଯାଇ ଦିନ ହୁଏ
କେତେ ନଦୀ ମିଶିଯା'ନ୍ତି ସମୁଦ୍ରରେ
କିଛି କିଛି ପାହାଡ଼ର ବି ପାଟି ଫିଟିଯାଏ।
ଘରିଆଡ଼େ ପରିବ୍ୟାପ୍ତ ଆକାଶଟି
ଗାଢ଼ ନୀଳ ଦେଖାଯାଏ॥

ଦୁଃଖ ଆସେ କାହାକାହା କପାଳରେ
ହାତ ମାରି, ସୁଖରେ ବି କାହାକାହା
କପାଳ ଈଶ୍ୱରଙ୍କ ପୁଳାପୁଳା
ଆଶୀର୍ବାଦରେ ଧୋଇ ହୋଇଯାଏ
କେତେବେଳେ କପାଳ ଠିଆ ହୁଏ
ଦୁଃଖ ଓଗାଳି ଦୁର୍ଦ୍ଦିନର ତ
ପୁଣି କେତେବେଳେ ଆନନ୍ଦରେ
ସ୍ୱାଗତ କରି ବସେ
ଅଜଣା ଅନିଶ୍ଚିତ ଭବିଷ୍ୟତ॥
ସେଥିପାଇଁ କୁହାଯାଏ
କପାଳ ଲିଖନ କେ କରିବ....

ମୋତେ ପଚାର ନାହିଁ

କେତେ ପ୍ରଶ୍ନକୁ ଆଉ ସାମ୍ନା କରିବି
ଗଛରେ କାହିଁକି ଫଳ ଧରୁ ନାହିଁ, ଫୁଲ
ଫୁଟୁନାହିଁ, କୋଇଲି କାହିଁକି ନିରବି ଯାଇଛି
ଏ ବସନ୍ତ ଋତୁରେ, ନଈ କାହିଁକି ଶୁଖିଲା ଦିଶୁଛି
ଦିନ ଦିଶୁଛି ରାତି ପରି, ହାତ ଗୋଡ଼ ଠିକ୍ ଥିବା
ଲୋକଟି କାହିଁ ପାଇଁ ଭିକ ମାଗୁଛି,
ଦୁର୍ନିତିଗ୍ରସ୍ତ ଲୋକଟି କାହିଁକି ସଞ୍ଜ ହେଲେ
ମୁଣ୍ଡିଆ ମାରୁଛି ଦେବୀଙ୍କ ଆଗରେ।
କାହିଁକି ଏତେ ସବୁ ଘଟଣା ଘଟିଯାଉଛି
ମୋ ଚାରିକଡ଼େ ଭୟ ଓ ଆଶଙ୍କା ଭିତରେ।।

କେତେ ଯେ ଦ୍ରୌପଦୀ ମ୍ରିୟମାଣ, ନିଃସହାୟ
ଆଜି ଲଜ୍ୟାହୀନ ଦୁଃଶାସନ ମାନଙ୍କ ପାଖରେ
କେତେ କେତେ ସୀତା ଆଜି ଅଶୋକ ବନରେ
ଲୁହଭିଜା ଆଖିନେଇ ବିତାଉଛନ୍ତି
ବ୍ୟଥିତ ଜୀବନ କାହା ଭରସାରେ
କେତେ ଯେ ଦେବକୀ ଅପେକ୍ଷା କରିଛନ୍ତି
କେବେ ବନ୍ଦୀ ମୁକ୍ତ ହେବେ।
କେତେ ସବୁ ରାଧା ଗୋଡ଼ କାଢ଼ି ବସିଛନ୍ତି
କେବେ କୃଷ୍ଣ ଦ୍ୱାରକା ଛାଡ଼ି ଗୋପକୁ ଫେରିବେ।।

ପର୍ବର ନାହିଁ ମୋତେ କିଛି ଯାହା
ମୁଁ ଜାଣିନି, ତିଥି ବାର ନକ୍ଷତ୍ର ଦେଖି
ମୁଁ କହିପାରିବିନି କେଉଁ ସକାଳରେ
ହେବ ସୂର୍ଯ୍ୟୋଦୟ, କେଉଁ ରାତିରେ
ଦେଖାହେବ ସ୍ୱପ୍ନ, କେଉଁ ପାହାଡ଼କୁ
ଘୋଡ଼େଇ ପକେଇବ ମେଘ, କେଉଁ
ଗୀତ ବୋଲାଯିବ ସୁର, ତାଳ, ଛନ୍ଦ ଓ
ଲୟ ନଥାଇ। କେଉଁ ଦୃଶ୍ୟରେ
ଅଟକି ଯିବ ଜୀବନ ଶେଷଥର ପାଇଁ॥

ବୁନ୍ଦେ ଲୁହରେ କେମିତି
ମାପିବି ସାଗରର ଗଭୀରତା
ଟୋପାଏ ରକ୍ତରେ କେମିତି
ଜାଣିବି କ୍ଷତିଟିର ତୀବ୍ରତା
ଅଦିନରେ ଫୁଟିଥିବା ଚମ୍ପାଫୁଲରେ
କେମିତି ବାରିବି ମହକ
ଲୋକ ଲଜ୍ୟାକୁ ନଡରି କେମିତି
ଜଣେଇବି ମୋ ପେଟ ଭିତରର ଭୋକ
ହଜାରେ ପ୍ରଶ୍ନର ଉତ୍ତର ଦେବାକୁ
ମୋତେ ବାଧ୍ୟ କରନି, ମୋର
ସମୟ ବି ନାହିଁ।
ଏଠି ରହିବାକୁ ତିଳେମାତ୍ର ଇଚ୍ଛା ନାହିଁ
ଭାବୁଛି କେମିତି ଏଠୁ ଚାଲିଯିବି
ଚିରକାଳ ପାଇଁ॥

ମେଳା

ମେଳାରେ ବୁଲୁଥିଲି କେତେ
ରକମର ବରାଦି ନେଇ
କିଏ କହିଥିଲା ତା' ପାଇଁ
ମନଲାଖି ମନଟିଏ ତ, ଆଉ କିଏ
କହିଥିଲା ଶାନ୍ତିର କପୋତଟିଏ
କିଏ କିଏ ବି କହିଥିଲେ ଅନ୍ୟକୁ
ପୋଷା ମନେଇବାର ଭାଷା, ଦିନକୁ
ରାତି କରିଦେବାର ସାମର୍ଥ୍ୟ, ସବୁ ଅଭିମାନ
ଅପମାନ, ଆଶଙ୍କା ଓ ଭୟକୁ
ସାମନା କରିବାର ଦକ୍ଷତା
ମଣିଷଟିଏ ପାଇବାର ଇଚ୍ଛା ଆଦି ଆଣିବାକୁ
ବହୁତ ବୁଲିଲି ହେଲେ
ପାଇଲିନି କିଛି କାହାପାଇଁ।
ଯାହାକିଛି ବି ମିଳିଲା ସବୁଥିରେ
ଭେଜାଲ୍, ମେଳାରୁ ଫେରିଲାବେଳକୁ
ଅସଲି ନକଲି ସବୁ ଆସିଥିଲେ
ସାଙ୍ଗରେ ହାତ ଧରାଧରି ହୋଇ।।

ଈଶ୍ୱରଙ୍କୁ ପଚାରିଲି କାହିଁକି
ମୋତେ ଦେଖାଉନ ତୁମ ଅସଲ ସ୍ୱରୂପ
ଦେଉନାହଁ ହାତ ଖୋଲି ତୁମ
କରୁଣାରୁ କାଣିଚାଏ ବି
ହନ୍ତସନ୍ତ ମୋତେ କାହିଁକି କରୁଛ।
ଭଲମନ୍ଦ, ଠିକ୍ ଭୁଲ୍ ପରଖିବାକୁ
କାହିଁ ମୋତେ ଶକ୍ତି ନଦେଇଛ।।

ସବୁ ଠିକ୍ ଥିଲା ଯେ ପର୍ଯ୍ୟନ୍ତ
ମୁଁ ବୁଝି ପାରି ନଥିଲି ନିଜକୁ
ଖସି ଯାଉଥିବା ଗୋଡ଼କୁ
ସଳଖି ପାରୁନଥିଲି କାହାକୁ ଆଶ୍ରାନକରି
ପେଟର ଭୋକକୁ ରୋକି ପାରୁଥିଲି
କାହାକୁ କିଛି ନ ଜଣାଇ
ଆଖିରେ ଜକେଇ ଆସୁଥିବା ଲୁହକୁ
ପୋଛି ଦେଉଥିଲି ମୁହଁକୁ ତଳକୁ ନୁଆଁଇ।।

ଏ ମେଳା କେବେଠୁ ଚାଲିଲାଣି
କେବେ ବି ସରିବ ନାହିଁ।
ଏତିକି ଅବସୋସ ମୋର
କାହାକୁ କିଛି ତ ମନଲାଖି
ଦେଇପାରିଲିନି, କେହି ଜାଣିବେନି
ଚାଲିଯିବି କେତେବେଳେ
ଏଠୁ ଖାଲି ହାତ ହୋଇ।।

କର୍ମଫଳ

ଝରିଆଡ଼େ ଆଜି ବାଦଲ ଫଟା ବର୍ଷା
ମୁହଁକୁ ମୁହଁ ଦିଶୁନି
ଏ ମୁଣ୍ଡରୁ ସେମୁଣ୍ଡ ଯାଏ ଲମ୍ବିଛି ଆକାଶ
ଆଖି ପାଉନି ତା'ର ଆରମ୍ଭ କେଉଁଠି
ଓ ଶେଷ କେଉଁଠି। ବର୍ଷାରେ ଭିଜି ଯାଉଛି
ଜୀବନ, ହଜିଯାଉଛି ଆହତ ଅତୀତ
କଳ୍ପନାତୀତ ହୃଦୟର ଭାଷାରେ
ନରମିଯାଉଛି ଅନିଶ୍ଚିତତାର ଭବିଷ୍ୟତ
ଫୁଲ ଫୁଟି ବାସୁଛି ବନସ୍ତ।
କେଉଁ କଥାକାରର କାହାଣୀ ଭିତରେ
ଲୁଚି ରହିଛି ଜୀବନର ସୁଗମ ସଙ୍ଗୀତ ।।

ମନକୁ ଚିପୁଡ଼ି ଦେଲେ
ସେଥିରୁ ବାହାରୁଛି ବ୍ୟଥା ଓ ବେଦନା
ହୃଦୟକୁ ନିଗାଡ଼ି ଦେଲେ

ସେଥିରୁ ଝରୁଛି ପ୍ରେମର ପୀୟୁଷ
ମାଟି ତିନ୍ତି ଯିବାରୁ ସେଥିରେ
ବାରି ହେଉଛି ଜୀବନ ସ୍ପନ୍ଦନ।
ଅର୍ଥ ଭିତରେ କେତେ ଯେ ଅନର୍ଥ
ଘଟିଯାଉଛି, ପିଣ୍ଡରୁ ବି ଛାଡୁଅଛି ପ୍ରାଣ॥

କଥା ଯେତେ ବ୍ୟଥା ସେତେ
ଜ୍ଞାନ ଯେତେ ପୂର୍ଣ୍ୟ ସେତେ
ସୌଭାଗ୍ୟ ଓ ଦୁର୍ଭାଗ୍ୟର
ଲୁଚକ୍ଷପା ଖେଳ, କେତେ ଯେ
ଉତ୍‌ଥାନ ପତନ ଭିତରେ
ସମୟର ମୁହଁ ସଞ୍ଜବେଳ
ଏଇ ତ ଜୀବନ।
ନିଃସ୍ୱ, ସର୍ବହରା, ସଂଗ୍ରାମୀ
ମଣିଷର ସମୁଦ୍ର ମନ୍ଥନ॥

ମାଟିର ମଣିଷକୁ କିଏ ବା
ରୋକିଛି ଏଠି ସ୍ୱପ୍ନ ଦେଖିବାରୁ
ଜଳ, ସ୍ଥଳ, ଆକାଶ ପାହାଡ଼ ଓ
ଈଶ୍ୱର ସୃଷ୍ଟିର ଦୃଶ୍ୟ ଦୃଶ୍ୟାନ୍ତର
କି ପଥର ଭିତରେ ପାହାଡ଼ର ଭାଷା
କିମ୍ବା ଲଳିତ ଭାସ୍କର୍ଯ୍ୟର ଚିତ୍ରିତ କପାଳ।
ଭୋଗିବାକୁ ହୁଏ ଏଠି କୋହ ଓ ଲୁହର
ସମଷ୍ଟିରେ ନିଜ କର୍ମଫଳ॥

କୁଆଡ଼େ ଚାଲିଯାଉଛ

କୁଆଡ଼ ଚାଲିଯାଉଛ
ମୋତେ ନକହି, ସମୟର
ଭଉଁରୀ ଭିତରେ ମୋତେ
ଏକାଛାଡ଼ିଦେଇ, ମୁଁ ଏ ଅକାତକାତ
ପାଣି ଭିତରେ ଘୁରିଘୁରି ଘାଣ୍ଟି ହୋଇଯିବି
ତୁମେ ପାଖରେ ଥିଲେ ଅବା ଆଶ୍ରା କରିଥା'ନ୍ତି
ଏମିତି ଏକ କଠୋର ବେଳରେ
କୁହ ତମେ ପ୍ରିୟତମ !
ଯୁଆଡ଼େ ଚାହୁଁଛି ଦେଖୁଛି
ମୋର ଚାରିପାଖେ କେହି
ନାହାନ୍ତି ମୋ ପ୍ରିୟ ଲୋକ।
ଯିଏ ତୁମ ଅନୁପସ୍ଥିତିରେ
ମୋତେ ଠିକ୍ ବାଟ ଦେଖାଇବ॥

କେହି ସାମ୍ନାକୁ ଆସିଲେ
ଜାଣିପାରୁନି କ'ଣ କହି
ସେମାନଙ୍କୁ ସ୍ୱାଗତ କରିବି
ତଳେ ପଡ଼ିଯାଇ ଉଠି ନପାରିଲେ
ମୁଁ କାହାକୁ ଡାକିବି
କାଦୁଅ ପଙ୍କରେ ପୋତି ହୋଇ ପଡୁଥିବା
ପାଦ ଦୁଇଟାକୁ ଉଠାଇ ଆଗକୁ
ଚାଲିବାକୁ ଯୁ' ନାହିଁ ମୋର।
ସଳଖ ସଡ଼କ ଗୁଡ଼ିକ ଆଗରେ
ଦେଖୁଛି ସିନା ହେଲେ ସେ ଯାଏ
ଯିବାକୁ ହେଲେ ମୋତେ
ପଡ଼ିବାକୁ ହେବ ବାରମ୍ବାର॥

କେତେ ଆଶା ଓ ନିରାଶା
ଭିତରେ ମୋତେ କାଟିବାକୁ
ହେବ ଏହି ହସ କାନ୍ଦର
ବିଚିତ୍ର ସଂସାର
କେହି କେହି ହାତ ବଢ଼େଇ
ଦେଉଥିବେ ସୁଯୋଗ ନେଇ
ମୋ ଅସହାୟତାର
ନିର୍ଜନ ବେଳାରେ ବସି
ଭାବୁଥିବି ନିରବ ଅପରାହ୍ନରେ

ତୁମସହ କଟେଇଥିବା
ଅନ୍ତରଙ୍ଗ ମୁହୂର୍ତ୍ତ ସବୁକୁ
ତୁମ ପାଦଶବ୍ଦକୁ କେମିତି
ମୁଁ ବାରି ପାରୁଥିଲି
ତୁମକୁ ନଦେଖି ।
ତୁମ ଆଖିର ନିଦକୁ
ମୁଁ ଚୋରେଇ ନେଉଥିଲି
କାଲେ ତୁମେ ଶୋଇ ପଡ଼ିବ କି ! !

ସମୟର ଖଣ୍ଡିକାଶ
ଦରଦି ଜୀବନକୁ ମୋର
କ୍ଷତାକ୍ତ କଲାଣି ।
ତୁମ ଭରସାରେ ଫେରିବା
ବାଟ ତୁମ ଫର୍ଚ୍ଚା ଦିଶିଲାଣି ।।

ନିରାପଦ ନିଃସଙ୍ଗତା

ନିଃସଙ୍ଗ ଜୀବନ ଜିଇଁବା
ପ୍ରତାରଣା କି ପ୍ରବଞ୍ଚନା ନୁହେଁ
ବରଂ ଏକ ନିଖୁଣ ବାସ୍ତବତାର ପ୍ରତୀକ
ବହିଯାଉଥିବା ନଦୀର ମାନଚିତ୍ର
ରହସ୍ୟମୟ ପୃଥିବୀର ବୈଚିତ୍ର୍ୟ
ଜୀବନବାଦ, ମାନବବାଦର ଅନ୍ତଃସ୍ୱର
ତଥା ସଂସ୍କୃତି ଓ ପରମ୍ପରାକୁ
ଆଧାର କରି ଆଧୁନିକତା ଖୋଜିବାର ପ୍ରୟାସ ।।

କିଛି କିଛି ଅପବାଦରେ ମ୍ରିୟମାଣ
ବଳକା ଆୟୁଷ ସବୁକୁ ମୁହଁଆଡ଼େଇ
ଚାଲିଯାଉଥିବାର ଅପଚେଷ୍ଟା, ବୁଡ଼ିଯାଉଥିବା
ସୂର୍ଯ୍ୟକୁ ରାତିର ଠିକଣା ପଚାରିବା,
ମଗ୍ନ ବିଭୋର ହୃଦୟକୁ ଉଲ୍ଲାସର
ନିକିତିରେ ତଉଲିବା, ଚଳେ ପାଣିରେ
ପାହାଡ଼ର ଶୋଷ ମେଣ୍ଟାଇବା
ସବୁକିଛି ହାରିଯାଇଥିବା ମଣିଷଟିର
ବିଫଳତା ନୁହେଁ ଆଉ କ'ଣ !

କାହାର ଚିରାଚରିତ ଚକ୍ରାନ୍ତରେ
ନିରାପଦ ନିଃସଙ୍ଗତାକୁ ଆପଣାଇବା
ଦରକାର ହୁଏ, ଆକାଶର ଅଗଣାରେ
ଫୁଟିଉଠେ ଉଜ୍ଜ୍ୱଳ ତାରକା ପୁଞ୍ଜ
ଆବେଗର ପ୍ରତିଟି ସ୍ପନ୍ଦନ
ଅନୁଭୂତ ହୁଏ ଶରୀରର
ପ୍ରତିଟି ଧମନୀ ଓ ଶିରା ପ୍ରଶିରାରେ ।
ଚଳଚଞ୍ଚଳ ହୁଏ ପ୍ରତିଟି ନିଃଶ୍ୱାସ
ସତେ ଯେମିତି କାହା ଇସାରାରେ ।।

ନିଃସଙ୍ଗ ଜୀବନ ସତରେ
ଏତେ ହୃଦୟହୀନ ଯେ
କାହା ପ୍ରତି ନାହିଁ ତାର
ମାୟା ଓ ମମତା ।
ବିଷାଦଗ୍ରସ୍ତ ମନରେ ଭରିଦିଏ
ଫୁଲାଫୁଲା ଭାବପ୍ରବଣତା ।।

ଆବରଣ

ଶ୍ରଦ୍ଧା ଓ ସମ୍ମାନରେ ଭରପୁର
ସମାନତାର ମହାମନ୍ତ୍ରରେ
ମହିମାମୟ ହୋଇ ଉଠୁଥିବା ବସୁଧା
ଦଳିତ, ଶୋଷିତ, ନିଷ୍ପେସିତ, ମେହେନତି
ଜନତା ପାଇଁ ମୃତ ସଞ୍ଜୀବନୀ ମନ୍ତ୍ର
ଉଚ୍ଚାରଣ କରୁଥିବା ଦ୍ୱିତୀୟ ଈଶ୍ୱର
ଆଦର୍ଶବାଦ, ମାନବବାଦ ଓ ଚେତନା ଦୀପ୍ତ
ଦର୍ଶନ ଶାସ୍ତ୍ରର ଅନୁଶୀଳନ ଉପରେ
ରୁଚି ରଖୁଥିବା ଜ୍ଞାନଦୀପ୍ତ, ପ୍ରତିଭାବାନ
ବ୍ୟକ୍ତି ଆଦି ପ୍ରତ୍ୟେକେ ନିଜେ
ଜଣେ ଜଣେ ଜ୍ଞାନ ଓ ପୁଣ୍ୟର ଭଣ୍ଡାର ।।

ଖଣି ଖାଦାନରେ ତାଲା ପକାଇ
ମହାଭାରତ ଯୁଦ୍ଧ ରଚିବାରେ

ବ୍ୟସ୍ତ, ବିବ୍ରତ ଆନ୍ଦୋଳନରତ ଖଟିଖିଆ
ଆଜି ହାରିଯାଇଛି
ରକ୍ତରେ ତା'ର ଗଢ଼ିଥିବା କୋଣାର୍କ
ଆଜି ବିକ୍ରି ହୋଇଯାଇଛି
ସମସ୍ତଙ୍କ ଜାଣତରେ, ବାକ୍ ସ୍ୱାଧୀନତା
ବୋଲି ତା'ର କିଛି ନାହିଁ
ସବୁକିଛି ଲୁଚିଯାଇଛି ସର୍ବହରାର
ଦୀର୍ଘ ନିଃଶ୍ୱାସରେ ।।

ଶରୀରର ଶିରା ପ୍ରଶିରାରେ
ରକ୍ତ କଣିକା ସବୁ ବିଷ ପାଲଟିଛି
ନିଆଁରେ ଜଳୁଛି ହୃଦୟ
ପାଣି ବି ରଚିଛି ପ୍ରଳୟ ।
ପବନରେ ବହୁଛି ଅଣଋଷ
ଜୀବନ ଖୋଜୁଛି ନିରାପଦ ଜାଗାଟିଏ
ଯେଉଁଠି ସେ ନେବ ଅଭୟ ଆଶ୍ରୟ ।।

ଓଁକାର ଧ୍ୱନିର ବୀଜମନ୍ତ୍ରରେ
ଅଭିମନ୍ତ୍ରିତ ହେଉଛି ଚତୁର୍ଦ୍ଦିଗ
ନିଃସ୍ୱ ନିଃସହାୟ ମଣିଷ ପିଠିରେ
ଦିଶୁଛି ଉଦୟ ସୂର୍ଯ୍ୟର ଲୋହିତ କିରଣ ।
ସଂସ୍କୃତିର ଜୟଗାନ କର
ଖୋଲିଦେଇ ସତ୍ୟର ମିଥ୍ୟା ଆବରଣ ।।

ଯିଏ ଯାହା କହୁ

ଅବୁଝାମନରେ ଚଉଦ ଭୁବନ
ଦିଶୁଛି ରୋମାଞ୍ଚକର
ନାହିଁ ନାହିଁର ପଦଧ୍ୱନି
ଶୁଭୁଛି ସଚରାଚର।
ବଞ୍ଚିବାର ବର୍ଣ୍ଣବୋଧ
ପଢ଼ିଥିଲି, ଭୁଲିଗଲି କାଳକ୍ରମେ
ଉଜୁଡ଼ି ଯାଇଛି ଅଧାବାଟରେ
ମୋ ଘର ସଂସାର।।

ପ୍ରତିବାଦ, ପ୍ରତିରୋଧ, ପରିହାସ
ଶବ୍ଦ ଗୁଡ଼ିକର ପ୍ରୟୋଗ
ନିରର୍ଥକ ମନେହୁଏ
ଶତାବ୍ଦୀ ଶତାବ୍ଦୀ ଧରି
ଚଳିଆସୁଥିବା ସଂସ୍କୃତି ଓ
ପରମ୍ପରା ଦିଗହଜା ହୁଏ।

ଧର୍ମନିକିତିରେ ଅଧର୍ମ ସବୁକୁ
ତଉଲୁ ତଉଲୁ ଭରସାର
ଭସାମେଘ ଭାସିଯାଏ ଅଭିଯୋଗର
ଅନନ୍ତ ଆକାଶରେ
ପଥଭ୍ରଷ୍ଟ ପଥିକଟିର
ନିଃଶ୍ୱାସରେ ନିଆଁ ଲାଗିଯାଏ ।।
ଡହଡହ ଖରାରେ ସିଝୁଥାଏ
ବତୁରା ମନର ଆତୁର ଅଭିବ୍ୟକ୍ତି
ନାଉଡଙ୍କ ପରି ଦେହରେ ଗୁଡେଇ ହୋଇଥାଏ
ବିକଳ୍ପ ନଥିବା, ବିଦାରି ଦେଉଥିବା
ଅନୁଭୂତିର ଅଜସ୍ର ଅନୁଶୋଚନା
ଲୁହର ଦରୋଟି ଭାଷାରେ
ଭରିଥାଏ ବଞ୍ଚିବାର ଦୋଷ ଦୁର୍ବଳତା
ବୁଦ୍ଧି ହଜିଯାଏ ।
ପରିସ୍ଥିତିର ଚାପରେ ମନପକ୍ଷୀଟି
ପିଞ୍ଜରା ଭିତରେ ଛଟପଟ ହୁଏ ।।

ସଜାଡ଼ିବାକୁ ପଡ଼ିବ ସଂସାର
ବେଳ ଥାଉ ଥାଉ ।
ବାନ୍ଧିବାକୁ ପଡ଼ିବ ବନ୍ଧ
ଯିଏ ଯାହା କହୁ ।।

ଆଉ ଥରେ ଦେଖାହେଲେ

ତୁମ ସହ ଆଉଥରେ ଦେଖାହେଲେ
ମୁଁ କହିବି ଆକାଶେ ମେଘକୁ
କେମିତି ମୁଣ୍ଡେଇହେବ, ସମୁଦ୍ରେ ଲହଡ଼ିକୁ
କେମିତି ଉପରକୁ ଉଠେଇ ନଦେଇ
ଶାନ୍ତ କରିଦେବ, ଆଖିଏ ସ୍ୱପ୍ନକୁ
କେମିତି ଭାରି ଭାରି ନିଦରେ ଭରିଦେଇହେବ
ନିଗିଡ଼ି ପଡୁଥିବା ରକ୍ତଧାରକୁ ଚିପିଧରି
କିପରି କ୍ଷତଟିକୁ ଶୁଖେଇ ଦେଇ ହେବ।
ଓ ଅସମୟକୁ ଝବୁକ୍‌ମାଡ଼ ଦେଇ
ଜୀବନକୁ କେମିତି ଅର୍ଥମୟ କରିହେବ॥

ତୁମକୁ ଆଣିଦେବି ଆଖିଏ
ଲୁହରେ ଅଙ୍କା ଯାଇଥିବା ଇନ୍ଦ୍ରଧନୁ
ଦିଗ୍‌ବଳୟ ସେପାଖେ ବୁଡ଼ି ଯାଉଥିବା ଜହ୍ନ
ଭୋର୍‌ବେଳେ ସଦ୍ୟ ଫୁଟିଥିବା ଭାରେ ପଦ୍ମଫୁଲ
ଫୁଲ ଭାରରେ ନଇଁ ପଡ଼ିଥିବା ସକାଳ।
ଓ ପଞ୍ଝା ପଞ୍ଝା ହୋଇ ଉଡ଼ିଯାଉଥିବା
ପଙ୍ଗପାଳ ଦଳ॥

ଭଲ ହୁଅନ୍ତା ଆଉଥରେ
ଦେଖାହେଲେ ତୁମସହ
ମୋ ଭଲ ପାଇବା ସଞ୍ଜରେ
ତୁମେ ଜାଳିଦିଅନ୍ତ ସଞ୍ଜବତୀ
ମୁଁ ଶୋଉଥିବା ଖଟରେ ତୁମେ
ସଜେଇଦିଅନ୍ତ ସଜ ରଜନୀଗନ୍ଧାର ମାଳସବୁ
ମୁଁ ପୂଜାକରୁଥିବା ଦିଅଁକୁ
ଶୁଣେଇ ଦିଅନ୍ତ ତୁମ
ଅନ୍ତରର ଆକୁଳ ପ୍ରାର୍ଥନା ।
ଜୀବନର ଗତିପଥ ବଦଳିଯାଆନ୍ତା
ପାଇ ତୁମ ମୁଗ୍ଧ ଆଶ୍ୱାସନା ।।

ଅସମୟରେ ଆସ ନାହିଁ
ଆସ ସମୟ ସୁବିଧା ଦେଖି
ଆଉଥରେ ଯେମିତି
ତୁମ ସହ ଦେଖାହେବ ।
ଓ ସେ ଦେଖା ଭରିଦେବ
ମୋ ମନରେ ଭଲପାଇବାର
ସୂକ୍ଷ୍ମ ଅନୁଭବ ।।

ସାରିବାକୁ ଥିବା ଗପଟିଏ

ମନର ମାନଚିତ୍ରରେ ଏତେ ଦାଗ କାହିଁ
ଲେଖିବାକୁ ବସିଲାବେଳେ ଗପଟିର
କେଉଁଠୁ ଆରମ୍ଭ ଓ ଶେଷ କେଉଁଠାରେ
ହେବ ଜାଣି ହେଉ ନାହିଁ
ମୁହୂର୍ତ୍ତେ ଭାବନାକୁ ଆଧାରକରି ଶବ୍ଦ
ଖୋଜିଲାବେଳେ ବ୍ୟସ୍ତ ବିବ୍ରତ ଲାଗୁଛି
ଡର ଲାଗୁଛି ଅର୍ଥହୀନ ଶବ୍ଦ ମାନଙ୍କରେ
ଗପ ଲେଖିବାକୁ ଯାହା ହେଲେ ବି
ମୁଁ ରହୁଁଛି ଅଧାଲେଖା ଗପଟିକୁ
ଯେମିତି ହେଲେ ଶେଷ କରିବାକୁ॥

ନିର୍ଜନ ବେଳାରେ ଗପଟି ମନଖୋଲି
କଥାହୁଏ ମୋ ସାଙ୍ଗେ
ରାତି ସରିଯାଏ ପଛେ ଗପ ସରେନି
ସଉପ ମଣିଣା ପାରି ମୋ ପାଖେ
ଶୋଇଯାଏ ଗପ ସ୍ୱପ୍ନରେ
ଗପ ଲେଖାହୁଏ ପୁଣି କଟାଯାଏ କିଛି
ତା ଦେହରୁ ମନ ନପାଇଲା ଯାଏ॥

ଦିନ ଦିଶେ ରାତି ପରି ଗପରେ
ସ୍ୱପ୍ନ ହୁଏ ସମ୍ଭାବନା ।
ବାସ୍ତବ ଚିତ୍ର ଆଙ୍କୁ ଆଙ୍କୁ
ଯାହା ସବୁ ଘଟିଯାଏ
ସିଏ ମୋର ଭାଗ୍ୟ ବିଡ଼ମ୍ବନା ।।

ଦୁଃଖର ଟାଣଖରାରେ ମଉଳିଯାଏ
ଗପର ଗଙ୍ଗଶିଉଳି
ଶବ୍ଦମାନଙ୍କୁ ଖୋଜିଲୋଡ଼ି
ସଙ୍ଗୋଳି ଗପର କଳେବର
ବୃଦ୍ଧିକଲେ ତାହା ହୋଇଯାଏ
ଉପନ୍ୟାସଟିଏ ।
ଗପଟିଏ ପାଇବାକୁ ହେଲେ
ତାକୁ କାଟିକୁଟି ଛୋଟ କରାଯାଏ ।।

ଜୀବନର ପ୍ରତିଟି ଘଟଣାକୁ
ବଖାଣି କେତେ ଯେ ଗପ ଲେଖିଲିଣି
କେତେ ସବୁ ଅଧା ଅଧା ଏପର୍ଯ୍ୟନ୍ତ
ଗପର ଚରିତ୍ର ହେଲେଣି ଚଞ୍ଚଳ, ଅଥୟ ।
କରିବାକୁ ଜୀବନଟା ମୋର ଖାଲି ଗପମୟ ।।

ଆଉଜି ଯାଅ

କାନ୍ଥକୁ ଆଉଜିଯାଅ
ଦେହର ଛାପ ରହିଯିବ କାନ୍ଥରେ
ଦରଆଉଜା କବାଟକୁ
ଆଉଜାଇ ଦିଅ, ବାହାର ପବନ
ଆଉ ଧୋଇପାରିବନି ଘର ଭିତରଟା
ଅଶାନ୍ତି ଓ ଅପମାନରେ ଭାଙ୍ଗି ପଡୁଥିବା
ଅଭିଳାଷ ସବୁ ମଥା ପିଟୁଛନ୍ତି
ଆଜି ବେସାହାରା ହୋଇ।
କିଏ ଭୁଲ୍ କିଏ ଠିକ୍
କିଛି କହି ହେଉ ନାହିଁ॥

ଯଦି ପାରୁଛ ଆଉଜିଯାଅ ଶୂନ୍ୟକୁ
ଦେଖ ଶୂନ୍ୟରେ କେମିତି ଝୁଲୁଛି ଜୀବନ
ବର୍ଷବର୍ଷର ପୁରୁଣା ଦାଗ ସବୁ ଦିଶୁଛି ମଳିନ
ସ୍ଥାନ, କାଳ, ପାତ୍ର ଦେଖି
ଭୀତତ୍ରସ୍ତ ମଣିଷଟି
ଧର୍ମ, କର୍ମ ସବୁ ଭୁଲିଯାଏ।
ଭୂମିରୁ ଭୂମା ପର୍ଯ୍ୟନ୍ତ
ସିଏ ଖାଲି ଧନ୍ଦି ହେଉଥାଏ॥

ଭଲହେବ ଯଦି କେହି ଜଣେ
ନିଜର ଲୋକ କାନ୍ଧରେ ଆଉଜି ଯିବ
ତାକୁ ଭରା ଦେଇ ଶୂନ୍ୟର ସିଢ଼ି ଚଢ଼ିବ
ଅସରନ୍ତି ଆଶା ଓ ଭରସାରେ ଗଢ଼ି
ଝଲିବ ବିଶ୍ୱାସର ବଳୟ
ଲାବଣ୍ୟମୟ, ଉଜ୍ଜ୍ୱଳମୟ ହୋଇ
ଉଠିବ ଚତୁର୍ଦ୍ଦିଗ ଓ
ଆଙ୍କି ହୋଇଯିବ ଚିନ୍ତା ଓ ଚେତନାରେ
ମୁକ୍ତିର ତରଙ୍ଗ ।।

ଆଉଜି ଯିବାରେ ଆସ୍ଥା
ପ୍ରକଟହୁଏ ଦେହରେ ମନରେ
ମନସ୍ତାପରେ ବିଷାଦଗ୍ରସ୍ତ ହୋଇ
ଜୀବନ ଜିଉଁଥିବା ମଣିଷଟି
ଶାନ୍ତିରେ ବଞ୍ଚିବାର ରାହାପାଏ ।
ଦୃଶ୍ୟ ଓ ଅଦୃଶ୍ୟ ସବୁ
ଏକାକାର ହୁଏ ।।

ଭୁଲି ହୁଏନା

ସ୍ମୃତିର ସିଲଟରେ ଚିନ୍‌ହା ଜଣା
କେତେ କେତେ ବନ୍ଧୁ
ତା' ଭିତରେ ବାରି ହୋଇ ପଡ଼େ
ଗୋଟେ ହସହସ ମୁହଁ ଯାହା
ସକାଳର ସୂର୍ଯ୍ୟୋଦୟ ପରି ଉଜ୍ଜ୍ୱଳ, ପ୍ରଫୁଲ୍ଲ
ଫଳ ଭାରରେ ନଇଁ ପଡ଼ିଥିବା ବୃକ୍ଷରାଜି ପରି
ଶାନ୍ତ ଓ କୋମଳ ।।

ପରିସ୍ଥିତି ଯାହା ହେଉନା କାହିଁକି
ତା'କୁ ଆପଣାଇ ନେବାରେ
ତା' କଥାରେ ଥାଏ କୁହୁକ
କାର୍ଯ୍ୟରେ ଥାଏ ଦକ୍ଷତା ଓ
ଭାବନାରେ ଥାଏ ଆତ୍ମୀୟତା
ଧୀର ମନ୍ଥର ଗତିର ଅବିରାମ
ପ୍ରଚେଷ୍ଟାରେ ସିଏ କୃତକାର୍ଯ୍ୟ ହୁଏ
ଯାହା ଚହେଁ କରିକି ଦେଖାଏ ।
ଶାନ୍ତିରେ ବିଶ୍ରାମ ଟିକେ ବି ନେଇପାରେନି
କାର୍ଯ୍ୟଟି ନ ସରିବା ଯାଏ ।।

ସିଏ କେଉଁ ଆକାଶର ପକ୍ଷୀ
କେଉଁ ପାହାଡ଼ର ଧୈର୍ଯ୍ୟ ଓ ସ୍ଥିରତା
କେଉଁ ରାଗର ରାଗିଣୀ

କେଉଁ ଝରଣାର ଗତିପଥ
କେଉଁ ସ୍ୱପ୍ନର ସମ୍ଭାବନା
କେଉଁ ଶାମୁକାର ମୁକ୍ତା ଓ
କେଉଁ ଗୁଢ଼ତତ୍ତ୍ୱର ରହସ୍ୟ
କାହାକୁ ବି ଜଣାନାହିଁ
ବହୁ ପ୍ରତିଭାର ଅଧିକାରୀ ସିଏ
ତା' କଥାରୁ, କାର୍ଯ୍ୟରୁ, ଚାଲିଚଳଣିରୁ
ସବୁ ଜଣାପଡ଼ିଯାଏ ।।

କି ମନ୍ତ୍ର ଜାଣିଛି ସେ କେଜାଣି
କିଛି ଜଣାଏନି କାହାକୁ
ଖୁବ୍ କମ୍ ସମୟ ଲାଗେ ତାକୁ
ପରକୁ ଆପଣେଇବାକୁ
ସ୍ନେହ ଶ୍ରଦ୍ଧା ଅତୁଟ ବନ୍ଧନରେ
ବାନ୍ଧି ରଖେ ଜ୍ଞାତି ପରିଜନ
ତା' ବିନା ଲାଗଇ ଖାଲିଖାଲି
ଅଧୁରା ଲାଗଇ ଜୀବନ ।।

ତା' ଅବର୍ତ୍ତମାନରେ ଟୋପାଏ
ଲୁହ ଗଡ଼ାଇବା ଛଡ଼ା ମୋ ପାଖରେ
ଆଉ କିଛି ନାହିଁ।
ତାକୁ କେବେ ଭୁଲି ହେବନି
ସିଏ ରହିଥିବ ମନରେ ମୋ କାଳକାଳ ପାଇଁ ।।

ମାଟି

ମାଟିରେ ଗଢ଼ା ଏ ଜୀବନ
ଧରାବନ୍ଧା ରୁଟିନ୍ ଭିତରେ
ଦିନ କେତେବେଳେ ଗଡ଼ିଯାଏ
ଜାଣି ହୁଏ ନାହିଁ
ସବୁ ବଦଳିଯାଏ ସିନା
ମାଟିର ନକ୍ସା ବଦଳେନି
ସ୍ୱପ୍ନ କିଛି ବୁଣିଦେଲେ ସିଏ
ସମ୍ଭାବନାର ରୂପ ନିଏ।
ମାଟି ବିଷୟରେ ଯେତେ ଲେଖି
ବସିଲେ ବି ସିଏ ସରେନି
ଖାଲି ଅଧା ରହିଯାଏ ।।

ମାଟିକୁ ନିରେଖି ଚାହିଁଲେ
ମାଆର ମୁହଁ ଦେଖାଯାଏ
ମାଟିପିଣ୍ଡଟି ହେଉଛି ଏ ଶରୀର
ତା' ଭଲମନ୍ଦ ପଚାରି

ବୁଝିବାକୁ ହୁଏ
ମାଟିର ପାହାଡ଼ ଭିତରେ କଥାଟିଏ
ଯଦି ଜନ୍ମ ନିଏ, ତାହା ହୋଇଯାଏ
ଭାବମୟ ଓ ଅମୃତମୟ,
ସେ କଥାର ଲାଳିତ୍ୟରେ
ଯେକେହି ହୁଏ ବିଭୋର ବିସ୍ମୟ ।।

ମାଟିରେ ଫଳେ ସୁନା
ସୁଯୋଗ ଦେଖି ମାଟି ହସେ
ସେ ହସରେ ଭରିଥାଏ
କେତେ ଶ୍ରଦ୍ଧା କେତେ ଆତ୍ମୀୟତା
ଶବ୍ଦସବୁ ମାଟିକୁ ଘେରିଥା'ନ୍ତି
ବହିଯା'ନ୍ତି ତା' ଦେହରେ ଝରଣାର ରୂପନେଇ ।
ଦୁଃଖ ସୁଖ, ସୁବିଧା ଅସୁବିଧାରେ
ଦିନ କାଟିବାକୁ ହୁଏ ସେମାନଙ୍କ ଇଚ୍ଛା ଅନୁଯାୟୀ ।।

ମାଟିରୁ ଜନ୍ମ ଏ ଜୀବନ
ମାଟିରେ ହେବ ପୁଣି ଲୀନ ।
ସରିଯିବ ଲୀଳା ଖେଳା
ଲାଗିଥିବ ଜୀବନ ମରଣ ।।

ବେଳ ତ ହେଇନି ବୁଝିବାର

ଆକାଶକୁ ଛତା କରି ସିଏ
ବସିଥିଲା ଦିନ ଦିନ ଧରି, ଖରା
ବର୍ଷାକୁ ଖାତିର କରୁ ନଥିଲା
ଭାବୁଥିଲା ଦିନ ଗୁଡାକ ତା'ର
ଏମିତି ଏମିତି କଟିଯିବ ବୋଲି
ହେଲେ ଯେଉଁଦିନ ଅମାନିଆ
ପବନ ଉଡ଼େଇଦେଲା ଛତାଟିକୁ
ପାଣି ତିନ୍ତେଇ ଦେଲା ଦେହ ମୁଣ୍ଡ
ସେ ଦିନ ଜାଣିଲା ଛତାଟି କେତେ ବଳହୀନ
ଧରାକୁ ସରା ମଣୁନଥିବା ଲୋକଟି
ଆଜି ଦିଶିଲା ବେସାହାରା ।
ଅନେକ ଟାହି ଟାପରା ଭିତରେ ଦିନ
କଟଉଥିଲା ସେ ବିଚରା ।।

ଅତୀତକୁ ଭୁଲିଗଲା, ଖାଲି ଟିକିଏ
ସ୍ୱାର୍ଥ ପାଇଁ, ଅର୍ଥ ପାଇଁ
ଯାହା ପାଇଁ ଦୁନିଆ ଦେଖିଲା

ଯାହା ହାତଧରି ଚାଲି ଶିଖିଲା
ଯାହା ମୁହଁର ଭାଷାକୁ ଆପଣାଇଥିଲା
ଯାହା କୋଳକୁ କରିଥିଲା ନିରାପଦ ସ୍ଥାନ
ତାକୁ ଭୁଲିଗଲା କେମିତି କାହା ଇସାରାରେ ।
ତାକୁ ଅଦେଖା କରୁଥିଲା ନିତିଦିନର
ଧରାବନ୍ଧା ରୁଟିନ୍ ଭିତରେ ।।

ଆଶ୍ରୟ ଖୋଜିଖୋଜି ମଣିଷଟି
ନିରାଶ୍ରୟ ହୁଏ ବେଳେବେଳେ
ଶାନ୍ତିରେ ଦିନକାଟିବାକୁ ବହୁତ
ଅଶାନ୍ତିର ସାମ୍ନା କରିବାକୁ ପଡ଼େ
ନିଜକୁ ରାଜା ଭାବୁଥିବା ଲୋକଟି
ବେଳପଡ଼ିଲେ ପ୍ରଜା ହୋଇଯାଏ
ନିହାତି ଦରକାର ନପଡ଼ିଲେ
ଆଖିକୁ କଲ୍‌ବଲ୍ କରେନି ଲୁହ
ମନକୁ ବିଭ୍ରାନ୍ତ କରେନି ଅନ୍ୟମନସ୍କତା
ଆଲୋକ ଲିଭିପାରେନି ପ୍ରାର୍ଥନା ଜାଗାରୁ ।
ଓ ଶବ୍ଦ ସବୁ ହଜିଯାଆନ୍ତିନି କବିତା ଦେହରୁ ।।

ସିଏ ତ ବୁଝିନଥିଲା ଆଶ୍ରୟ କ'ଣ
ଓ ନିରାଶ୍ରୟ କିଏ
ଅଶାନ୍ତି ଠାରୁ ଶାନ୍ତି କେତେ ଦୂର
ରାଜା ଓ ପ୍ରଜା ଭିତରେ ପ୍ରଭେଦ

ଆଖି ଓ ଲୁହ ଭିତରେ ସମ୍ପର୍କ
ଆଲୋକ ଓ ଅନ୍ଧାରର ରାଜୁତି
ଶବ୍ଦ ସବୁର ଠିକଣା ।
ତା' ଭିତରେ ଥିଲା ଅହଙ୍କାରର ଆଟୋପ
ସିଏ କାହିଁବା ବୁଝିବ
କିଏ ପର କିଏ ବା ଆପଣା ।।

ବେଳ ତ ହେଇନି ବୁଝିବାର
ଖେଳ ବି ସରିନି ଏଯାଏ
ବୁଝିଲା ବେଳକୁ ଖେଳ
ସରିଯାଇ ଥିବ ।
କେହି ତ ପାଖରେ ନଥିବେ
ସିଏ ଆଉ କାହାକୁ କହିବ ।।

ପାହାଡ଼ ହୋଇଛି ଠିଆ

ପାହାଡ଼ ହୋଇଛି ଠିଆ
କାହିଁ କେତେ କାଳୁ
ସବୁ ସେ ଦେଖୁଛି
ସମୟର ଚକ ଗଡୁଗଡୁ
କେତେ କେତେ ଗଛବୃଛ
ତା' ଦେହରେ ଖୁନ୍ଦାଖୁନ୍ଦି
ପଥର ସବୁରେ କିଏ
ଲେଖିଛି ରାଜ୍ୟ ଯାକର ଖବର
କେଉଁଠି କିଏ ରାଜା
ପାପ ଓ ପୁଣ୍ୟର
ପୁଣି ସୁଖ ଓ ଦୁଃଖର ।।

ଝରଣାର ପାଣି ପିଇ ପିଇ
ଝିଅଟେ ବସିଛି ତା' ପାଦଦେଶେ
ଖଣ୍ଡେ ପଥର ଉପରେ

ଘଷିମାଜି ହେଉଛି ତା' ଦେହ
ଘଞ୍ଚ ଜଙ୍ଗଲରେ ପଶୁପକ୍ଷୀ ଆତଯାତ
ପାହାଡ଼ ଖୋଲରେ କେତେ ସବୁ
ଜୀବଜନ୍ତୁ, ସରିସୃପ ଆଦି
କେହି କେହି ଆସିଲେ ଝିଅଟି
ତତ୍‌କ୍ଷଣାତ୍ ଠିଆ ହୋଇଯାଏ ।
ପାହାଡ଼ ତାକୁ ଆକଟି ଅନାଏ
ଓ ହଠାତ୍ ତା'ର ପାଟି ଫିଟିଯାଏ ।।

ପାହାଡ଼ ହୋଇଛି ଠିଆ
ମାଳ ମାଳ ବଉଦ ଭିତରେ
ଅସ୍ତଗାମୀ ସୂର୍ଯ୍ୟ ଖସିଗଲେ
ଅମାନିଆ ସଞ୍ଜ ଆସେ ତା' ଦେହରେ ।
ଅନ୍ଧକାର ଭାରି ଭଲଲାଗେ ତାକୁ
ରାତିହେଲେ ଜହ୍ନ ବି ଲୁଚି ଯାଉଥାଏ
ଆଖି ପାଉ ନଥିବା
ଦୂର ଦିଗ୍‌ବଳୟରେ ।।

ପଥର ପୋଷାକ ପିନ୍ଧି
ସିଏ ପାଲଟେ କିମ୍ବଦନ୍ତୀ
କେଉଁ ଏକ ସଭ୍ୟ ସଂସ୍କୃତିର ।
ରହସ୍ୟମୟ ପ୍ରକୃତି ଓ ଲଳିତ ଭାସ୍କର୍ଯ୍ୟର
ସ୍ୱର ଓ ସ୍ୱାକ୍ଷର ।।

ନିରବ ନଦୀର ସୁଅ

ସମର୍ପଣର ସଂଜ୍ଞା ବଦଳେଇ ଦେଇଛ
ତୁମେ ମିତ୍ରଭାନୁ, ତୁମେ ଅର୍ଜିଥିବା
ସବୁକିଛି ଛଳନା ଓ ପ୍ରବଞ୍ଚନା
ଏଯାଏଁ ଭାସୁଛି ଯନ୍ତ୍ରଣା ହୋଇ
ତୁମ ଅହଙ୍କାରର ଆଢୁଆଳରେ।
ବହିଯାଉଥିବା ଏକ
ନିରବ ନଦୀର ସୁଅରେ।।

ତୁମକୁ ଯେତେ ଶିଖେଇଥିଲେ ବି
ଶିଖିବାକୁ ଚେଷ୍ଟାକରିନ ସବୁଠୁ ପ୍ରାଚୀନ
ସଭ୍ୟତାର କିୟଦଂଶ
ପଢ଼ିବାକୁ ଚାହିଁନ ପୁରାତନ ଯୁଗର
ନଗ୍ନ ଓ ଭଗ୍ନ ଇତିହାସ
ହଜେଇ ଦେବାକୁ ଭଲପାଇନ ଆବେଗଭରା
ପୁଲକର ପ୍ରତିଟି ସ୍ପନ୍ଦନ
ଦେଖିବାକୁ ଭୟକରିଛ ଛଳନାର ଛାଇଭିତରେ
ବଳାତ୍କାର ଓ ହତ୍ୟାର ବିଭତ୍ସ, ଭୟଙ୍କର ରୂପ।
ସଭ୍ୟତାର ମାଟିକାନ୍ଥ ଦେହରେ ଲେଖିଚାଲିଛ
ଶୀତଦିନ ରାତି ପାଇଁ ଶହ ଶହ ଗପ।।

ନଦୀର ନିରବତା ଭାଙ୍ଗି ତାକୁ ଯେତେବେଳେ
ଚାହିଁଲ ସାଗରରେ ଯୋଡ଼ିବା ପାଇଁ ପାରିଲନି
ଶବ୍ଦ ସବୁର ସମୁଦ୍ରକୁ ମନରେ ରଖି ଚାହିଁଲ
ଯେତେବେଳେ କବିତାର ରୂପ ଦେବାକୁ ହାରିଗଲ
ବଳକା ଆୟୁଷକୁ ଧରି ମୃତ୍ୟୁକୁ ଡରାଇଲ ଯେତେବେଳେ
ସାମ୍ନା କରି ପାରିଲନି ତାକୁ ବରଂ ନିଜେ ଡରିଗଲ
ଯୁଦ୍ଧରୁ ଫେରି ଆସୁଥିବା ଯୋଦ୍ଧାମାନଙ୍କୁ ଯେତେବେଳେ
ପଚାରି ବୁଝିଲ ସେମାନେ ଜିତିଲେ କି ନାହିଁ
ସେମାନେ ସେଠୁ ଲୁଚି ପଳାଇଲେ ।
ବିଶ୍ୱାସର ବଳିଷ୍ଠ ବେଷ୍ଟନୀ ଭିତରେ
ଯେତେବେଳେ ପ୍ରତିଭାକୁ ଜୀବନ୍ୟାସ ଦେବାକୁ
ଚାହିଁଲ ସେତେବେଳେ ସେମାନେ ତୁମର
ଜୟଗାନ କଲେ ।।
ସବୁକିଛି ହରେଇଦେଲା ପରେ ବି ମିତ୍ରଭାନୁ
ତୁମେ ଏପର୍ଯ୍ୟନ୍ତ ଏ ଜୀବନ ଯୁଦ୍ଧରେ
ହାରିଯାଇ ନାହିଁ, ଯୁଦ୍ଧର ଜୟଗାନ କରିଚାଲିଛ
ସମୟର ବିସ୍ତୃତ କାନ୍‌ଭାସ୍ ପରେ, ବିନା ଆଶ୍ରାରେ
ବସିଉଠି ପାରୁଥିବା ବୟସର ଦରଜ ଦେହରେ ।
ବହୁ ଦିନରୁ ମରିହଜି ଯାଇଥିବା ଅବସୋସ
ସବୁର କଫିନ ଉପରେ
ଦୃଶ୍ୟ ଆଉ ଅଦୃଶ୍ୟ ସବୁର ଦୀର୍ଘ ନିଃଶ୍ୱାସରେ ।।

ଯୁଦ୍ଧ ସରିନାହିଁ ଯେ ପର୍ଯ୍ୟନ୍ତ
ପରାଜୟକୁ ବରି ନେଇ ନାହଁ ମିତ୍ରଭାନୁ
ଶେଷ ନିଃଶ୍ୱାସ ପର୍ଯ୍ୟନ୍ତ ଯୁଦ୍ଧକର ।
ବେଗଗାମୀ କରିଦିଅ ସୁଅ ସବୁକୁ
ନିରବ ନଦୀର ।।

ଫେରିଆସ ଅନ୍ଧାର ପୂର୍ବରୁ

ଯିଏ ଯୁଆଡ଼େ ଯାଉଛ ଯାଅ
ଅନ୍ଧାର ପୂର୍ବରୁ ଫେରିଆସ
ବାପା କହୁଥିଲେ ବାରମ୍ବାର

ଏବେକାର ଅନ୍ଧାର
ଆଗକାଳଠୁ ଅଲଗା
ଏ ଅନ୍ଧାରର ଆଖି ଭାରି
ତୀକ୍ଷ୍ଣ ଓ ମଜଭୁତ୍
ଏଥିରେ ଦେଖାଯାଏ
ଭବିଷ୍ୟତର ଚଲାପଥ
ହଜି ଯାଉଥିବା ଜିନିଷ
ସବୁର ଚିତ୍ର ପଟ୍ଟ
ମେଘ ଭର୍ତ୍ତି ଆକାଶରେ
ଜନ୍ହକୁ ବାଟ
ସ୍ୱପ୍ନ ଦେଖୁଥିବା ଶେଯରେ
ମଲ୍ଲୀ ଫୁଲର ମାଳ
ଓ ବ୍ରାହ୍ମ ମୁହୂର୍ତ୍ତରେ ଆଗକୁ
ମାଡ଼ି ଚାଲୁଥିବା ଏକ
ସୁନ୍ଦର ନରମ ସକାଳ ।।

ମୁଁ ଭଲ ପାଏ ଅନ୍ଧାରକୁ
ମୋ ଠୁ ବେଶୀ
କଳାହାଣ୍ଡିଆ ମେଘ ଭିତରେ ଅନ୍ଧାର
ଅକାତକାତ ଜଳରାଶି ଭିତରେ ଅନ୍ଧାର
ପାହାଡ଼ ଖୋଲରେ ଅନ୍ଧାର
ଝଲଘର ଓଳିତଳେ ଅନ୍ଧାର
ନାହିଁ ନାହିଁ ଭିତରେ ହଁ ର ଅନ୍ଧାର
ଭୋକିଲା ପେଟ ଓ ତୃଷାର୍ତ୍ତ
ପ୍ରାଣରେ ଅନ୍ଧାର ରାଜୁତି କରେ।
ମୁଁ ଏପର୍ଯ୍ୟନ୍ତ ଜାଣି ବି ପାରୁନି
ଏ ଅନ୍ଧାରର ଆରମ୍ଭ କେଉଁଠି
ଓ ଶେଷ କେଉଁଠାରେ॥

ଅନ୍ଧାରକୁ ଭଲ ପାଏ
ମୋର ପ୍ରାଣର ସ୍ପନ୍ଦନ
ଆତ୍ମାର ଅଭିଳିପି
ଲୁହର ମୁହଁଲୁଚ କାନ୍ଦ
ଭଙ୍ଗା ଡ଼େଣାର ପକ୍ଷୀ
ଓ ମିଛ ମିଛିକା ନିଦରେ
ଶୋଇପଡ଼ିଥିବା ବୟସ॥

ଅପରିଚିତ ବ୍ୟକ୍ତିଟିକୁ ଦେଖି
ଅନ୍ଧାର ଅଟକିଯାଏ
ନିଆଁର ରାସ୍ତାରେ
କ୍ଷଣକ୍ଷଣକରେ ଜଳୁଥାଏ
ପୁଣି ଲିଭୁଥାଏ ସତେଯେମିତି
କାହାର ନିର୍ଦ୍ଦେଶାନୁସାରେ॥

ଧୀରେ ଆସ

କେତେ ଥର କହିଲିଣି ତୁମକୁ
ଧୀରେ ଆସ ବୋଲି
ଧୀର ଚଲିରେ ଥାଏ ନମ୍ରତା
ଧୀର ବୋଲିରେ ଥାଏ
ମିଠାମିଠା ଭାବପ୍ରବଣତା ।

ଧୀରେ ବହୁଥିବା କୋହଲା ପବନ
ଧିମା ଆଞ୍ଚରେ ସେକା ହେଉଥିବା ପରଟା
ଧୀର ପାଣିରେ ଦାଗ ଦିଶୁଥିବା ପଥର
ଧୀର କଥାରେ ଶାନ୍ତ ଦିଶୁଥିବା ମୁହଁ
ଜମା ଭୁଲି ହୁଏ ନାହିଁ ।
ଅନ୍ତର ଭିତରେ ରହିଯାଏ
କାଳ କାଳ ପାଇଁ ।।

ତୁମେ ଆସିଲେ ମୁଁ
ଟିକେ ଆଶ୍ୱସ୍ତ ହେବି
ତୁମକୁ ସମର୍ପିଦେବି
ମୋର ବଳକା ଆୟୁଷ
ତୁମକୁ ପାଖରେ ବସେଇ
ଶିଖେଇ ଦେବି ପରକୁ
ପରଖିବାର ମହାମନ୍ତ୍ର
ବାଲ୍‌କୋନିରୁ ଝୁଲିପଡୁଥିବା ଜନ୍‌ହ
ଓ କଥା କହୁଥିବା ଜନ୍‌ହର ଆତ୍ମକଥା
ଆପଣେଇ ନେବି ନିଃସଙ୍ଗ ଜୀବନରେ
ଅପେକ୍ଷା କରିଥିବା କିଛି କଥା
ଓ କିଛି ବ୍ୟଥା, ଅରାଏ ଅରମା
ଦେହରେ ପାଦଚଲା ରାସ୍ତାର ଠିକଣା
ଅବୁଝା ମନରେ ଖେଳୁଥିବା
ଦୀର୍ଘ ନିଃଶ୍ୱାସରେ ତିଆରି ଘର।
ଓ କାହା ଭରସାରେ ଆଉଜି
ପଡ଼ିଥିବା ବହଳେ ନିଦର
ଗାଢ଼ ଅନ୍ଧକାର॥

ଚଞ୍ଚଳ ଆସିବନି
ଆସିବ ଧୀରସ୍ଥିର ହୋଇ।
କର୍ମରେ ମନଦେବ ଯଥାରୀତି
ଆସୁ କି ନ ଆସୁ
କହିବନି ମୋତେ ଆସୁନାହିଁ॥

ରାଜା ଓ ଭିକାରୀ

ମାଗିଲେ ଯଦି ସବୁ ମିଳିଯା'ନ୍ତା
ତେବେ ସବୁ ଭିକାରୀ ଦିନ କେଇଟାରେ
ହୋଇଯା'ନ୍ତେ ଜଣେ ଜଣେ ଇପ୍‌ସିତ ଈଶ୍ୱର
ମନ୍ଦିର ଆଗ ସାମ୍ନାରେ ବସିଥା'ନ୍ତେ ପ୍ରତିଦିନ
ନୂଆନୂଆ ଚେହେରାର ଲୋକ ଥାଳି ସବୁଧରି।
ଯେତେ ଥାଉ ପଛେ ମାଗିଲେ କ'ଣ
ସେଥିରେ ପେଟ ପୁରିବ ନା ଦେଖେଇ ହେବ
ମନଭରି କମେଇବାର ମିଛ ବାହାଦୂରୀ॥

ରାଜା କିଏ ବୋଲି ଯଦି ପଚରାଯାଏ
ତେବେ ମନକୁ ପ୍ରଶ୍ନ ଆସେ ଯେ ରାଜୁତି
କରୁଛି ସେ ରାଜା, ଯେ ନିୟମ ଗଢୁଛି ସେ ରାଜା
ଯେ ଦଣ୍ଡ ବିଧାନ କରୁଛି ସେ ରାଜା

ନା ଯିଏ ବଞ୍ଚିବାକୁ ବାଟ ଦେଖାଉଛି ସେ ରାଜା
ମାଗିଲେ ସିଏ କିଛି ଦିଅଁନ୍ତିନି
ବରଂ କ୍ଷୁବ୍ଧ ହୁଅନ୍ତି, କହନ୍ତି ସ୍ୱାର୍ଥପର
ଭାବରେ ମାଗ ପାଇବୁ ବି କହନ୍ତିନି
ସେ ରାଜା ହେଲେ ଈଶ୍ୱର
ସେ ଭକ୍ତି ହେଲା ଭାବର
ପତ୍ରଟିଏ ବି ହଲେନି ସେ ନଚହିଁଲେ।
କିଛି ବି ଘଟେନି ଜୀବନରେ ତାଙ୍କ ବିନାନୁମତିରେ॥

କବିଟିଏ ଭିକାରୀ ନୁହେଁ ଯେ
ଶବ୍ଦ ସବୁ ମାଗିଯାଚି କବିତା ଲେଖିବ
ତା' ମନର ଆବେଗ ସବୁକୁ କବିତାର ରୂପ ଦେବ।
କେତେବେଳେ ଅଜଣା ତିଥିର ଜହ୍ନକୁ ନେଇ
ଅଥବା ଅବୁଝା ରାତିର ସ୍ୱପ୍ନ ସବୁକୁ ନେଇ
କିମ୍ବା ପାହାଡ଼ ପଛପଟେ ଲୁଚିରହିଥିବା ମେଘ ସବୁକୁ
ଶୁଦ୍ଧ ସୁବର୍ଣ୍ଣ ଆଖିରେ ଖୋଜିଖୋଜି ନୟାନ୍ତ ହୋଇଯାଇ
ଭିକାରୀରୁ ରାଜା ହୋଇଯିବ॥

ରାଜାର ରାଜ୍ୟ ଚାଲିଯିବ ଦିନେ
କବିଟର ଲେଖନୀ ବି ହୋଇଯିବ ଅଚଳ
ରାଜ୍ୟ ରହିଯିବ ଓ ଶବ୍ଦ ଗୁଡ଼ାକ
ବି ଥିବେ ସେମିତି ସବୁଦିନ ପାଇଁ।
ବିଚିତ୍ର ଏ ସଂସାର ଚାଲିଥିବ
କେତେ କେତେ ନୂଆ ଚିତ୍ର ଓ ଚରିତ୍ର ମାନଙ୍କୁ ନେଇ॥

ନିର୍ଯ୍ୟାତିତାର ସ୍ୱର

ନିରବି ଯାଇଥିବା ଆଖିଦି'ଟା
ଭିତରେ କେତେ ଯେ ସ୍ୱପ୍ନ
ଖଣ୍ଡ ଖଣ୍ଡ ହୋଇ ଭାଙ୍ଗିଯାଉଥିଲେ
ଭାବିବା ଉତ୍ତାରୁ, ଅସ୍ଥିର ଆକାଶ
ମୁହଁ ଲୁଚଉଥିଲା ମାଳ ମାଳ
ମେଘର ଉପରେ, ସ୍ଥାଣୁ ହୋଇଯାଇଥିଲା
ପ୍ରବଞ୍ଚନାର ପାହାଡ଼
ଏକ ନିର୍ଦ୍ଦିଷ୍ଟ ଜାଗାରେ ସବୁ
ଜାଣି ନଜାଣିଲା ପରି।
ମନେ ପଡୁଥିବା ଶବ୍ଦ ସବୁକୁ
ସାରଥୀ କରି ରଥ ଗଡ଼ିଯାଉଥିଲା
ଆଗକୁ ବିଷାକ୍ତ ମନକୁ ତାଙ୍କ ବିବସନ କରି।।

ସିଏ ବସିଥିଲେ ପାର୍କର ଏକ
ପରିତ୍ୟକ୍ତ ଜାଗାରେ ଏକାକୀ କାହିଁ କେତେବେଲୁ
ମୁହଁରେ ଅସ୍ଥିରତାର ପଟାପଟା
କଳା ଦାଗସବୁ, କିଏ ପାଖକୁ ଆସି
ଠିଆ ହୋଇଛି କେତେବେଲୁ
ତାଙ୍କର ନିଘା କି ନଜର ବି ନାହିଁ
ଆଶ୍ୱାସନାର କଥା ଦି'ପଦକୁ ସିଏ

ଅପେକ୍ଷା କରିଥିଲେ ଯେମିତି
ବାଧ୍ୟ ଛାତ୍ରଟି ପ୍ରଣାମ କଲା ମୁଣ୍ଡ ନୁଆଁଇ
ପଚାରି ବୁଝିଲା ଭଲ ମନ୍ଦ
ସାହାଯ୍ୟର ପ୍ରତିଶ୍ରୁତି ଦେଇ ।।

କିଏ ଜାଣିଥିଲା ଏମିତି ଏକ
ପରିସ୍ଥିତିର ସମ୍ମୁଖୀନ ହେବେ ବୋଲି
ଭଲ ପାଇବାର ଭାଷା ବି
ଶୁଣିଲେନି ସିଏ କାହାଠାରୁ
ଚଢ଼ାଗଲାରେ କିଏ ଜଣେ କରୁଥିଲା
ସବୁବେଳେ ଆକଟ
ମାଡ଼ ଗାଳି ଯେତେଇଚ୍ଛା ସେତେ ଦେଉଥିଲା ।
ତା'ପାଖରେ ଦୟାମାୟା ଟିକେ ବି ନଥିଲା ।।

କେଇକ୍ଷଣରେ ବଦଳିଗଲା ଚେହେରା
ଝଡ଼ ଆସୁଥିଲା ମାଡ଼ି ବସୁଧା ଧରାଇ
କେଡ଼େ କେଡ଼େ ଗଛବୃଛ କରି ଧରାଶାୟୀ
ନିଶ୍ଚିହ୍ନ ହୋଇଗଲା ନିମିଷକେ ସବୁକିଛି
ଏତ୍ତୁରୁ ଏତ୍ତୁଟିଏ ବଢ଼େଇଥିବା ଗଛଟି ବି
ଆଉଜି ପଡ଼ିଲା ତାଙ୍କ ଦେହରେ ଆଶ୍ରା ଖୋଜି
ପାଦତଳର ମାଟି ଖସିଖସି ଗଲା ।
ଏଭଳି ଝଡ଼କୁ ସାମ୍ନା କରି ଅନୁତାପ ଅନଳରେ
କେହି ଜଣେ ସବୁତକ ଅନିୟମିତତାକୁ
ଆଖି ପିଛୁଳାକେ ଠିକ୍ କରିଦେଲା ।।

ଚିଠି

ପୁଳା ପୁଳା ଅକ୍ଷର ଭିତରେ
ଦିଶୁଛି ଖାଲି ତୁମ ମୁହଁର ଉଜ୍ଜ୍ୱଳତା
ଠିକଣାରେ ମୋ ନାଁ ଲେଖାହୋଇ
ନଥିଲେ ବି ଆଶ୍ଚର୍ଯ୍ୟ ଲାଗୁଛି
ଜାଣି ହେଉନି ଚିଠିଟି ଆସିଛି କାହାଠାରୁ।
କେହି ଭାଗ୍ୟହୀନର ଚିଠି
ବାଟ ଭାଙ୍ଗି ଚାଲି ଆସିନି ତ
କାହାର ବହୁ ଉପେକ୍ଷିତ ଦୀର୍ଘନିଃଶ୍ୱାସରୁ।।

ପୁରୁଣା ଘରଛାଡ଼ି ନୂଆ ଘରକୁ
ଆସିବା ଦିନଠୁ ଏମିତି କେତେ ଚିଠି
ଅପେକ୍ଷାର ଅନ୍ତ ନ ଘଟାଇ ବାଟବଣା
ହେଉଛନ୍ତି ବୋଲି ଖବର ମିଳୁଛି।
ତୁମର ଶ୍ରଦ୍ଧା ଓ ସରାଗରେ କିଏ
ଆଖିଦେଲା କେଜାଣି ଯେତେ ସବୁ
ହସକାନ୍ଦ ରାଗରୁଷା ମୋ
ଭାବନାରେ ଉହ୍ୟ ରହିଅଛି।।

ଚିଠି ଆସୁକି ନ ଆସୁ ମୁଁ ଆଉ
ଝୁଲିବି ନାହିଁ ମୋ ଆହତ
ଅସ୍ଥିର ମନକୁ ନେଇ।
ମୋ ଇଚ୍ଛା ସବୁକୁ କବର ଦେଇଦେବି
ଯେତେ ସବୁ ଦିନ ଓ ଅପେକ୍ଷାରତ
ମୁହୂର୍ତ୍ତ ମାନଙ୍କର ଦୂର ଦିଗ୍‌ବଳୟ ଡେଇଁ॥

ଗୋଟିଏ ମାତ୍ର ଚିଠିରେ ଶୁଣିଛି ବଦଳିଯାଏ
ଭାଗ୍ୟ, ସ୍ମୃତିର ସଡ଼କ ସବୁ
ସଳଖି ଯା'ନ୍ତି ଭାବନାର ଶେଷ ସୀମାରେଖା ଯାଏ।
ନିଶ୍ଚିତତାର ନିଛକ ପ୍ରତିବିମ୍ବ
ଜଳଜଳ ଦିଶେ ଓ ଓଦା ଓଦା ଓଜନିଆ
ଆଖିପତା ଶୁଖି ଆସୁଥାଏ॥

କେଉଁ ଅଜଣା ରାଇଜରୁ
ଚିଠିଟି ଆସିଛି ମୋତେ ମଳୁନି ଠିକଣା
ମୋର ସର୍ବଶ୍ରେଷ୍ଠ ପ୍ରଚେଷ୍ଟା
ହାର୍ ମାନି ଯାଉଛି
ଏ ଚିଠିଟି ମୋ ପାଇଁ ନା ଆଉ କାହାପାଇଁ।
ଡାକବାଲାକୁ ଖବର ଦେଇଛି, ଭାବୁଛି
ଚିଠିଟି ରଖିବି ନା ତାକୁ ଦେବି ମୁଁ ଫେରାଇ॥

BLACK EAGLE BOOKS

www.blackeaglebooks.org
info@blackeaglebooks.org

Black Eagle Books, an independent publisher, was founded as a nonprofit organization in April, 2019. It is our mission to connect and engage the Indian diaspora and the world at large with the best of works of world literature published on a collaborative platform, with special emphasis on foregrounding Contemporary Classics and New Writing.

www.ingramcontent.com/pod-product-compliance
Lightning Source LLC
Chambersburg PA
CBHW060617080526
44585CB00013B/866
* 9 7 8 1 6 4 5 6 0 8 0 7 3 *